职业院校素质教育创新系列教材
公共基础课"互联网＋"新形态教材

学生团体心理辅导教程

主　编　钟　岩　李　炎
副主编　王　岩　闫　涵　修丽娟
参　编　谢芳芳　郭　忠　郑欣禹
　　　　王　璐　张　颖　迎　春

机械工业出版社

本书从职业院校学生心理特点和年龄特点出发，编排了8个单元、27个任务，内容涉及新生适应、认识自我、时间管理、情绪管理、人际交往、恋情处理、学会学习及珍爱生命等方面。本书以体验式心理健康教育为主线，具有系统性、操作性、互动性、实用性、趣味性等特点。

书中设置了“扫一扫”栏目，以二维码的方式呈现“暖身体验”和“心理加油站”等视频教学资源，同时通过“心理美文”栏目强化思政教育，增强了课程教学的实效性和思想性。

本书可供职业院校心理健康教育理论课和团体心理辅导课使用，可供班级班会、第二课堂使用，也可作为其他群体团体心理辅导的参考读物。

图书在版编目(CIP)数据

学生团体心理辅导教程/钟岩，李炎主编. —北京：机械工业出版社，2022.7

职业院校素质教育创新系列教材　公共基础课“互联网+”新形态教材

ISBN 978-7-111-71017-2

Ⅰ.①学…　Ⅱ.①钟…　②李…　Ⅲ.①心理健康-健康教育-中等专业学校-教材　Ⅳ.①G444

中国版本图书馆CIP数据核字(2022)第101528号

机械工业出版社(北京市百万庄大街22号　邮政编码100037)

策划编辑：宋　华　　　责任编辑：宋　华　邢小兵

责任校对：薄萌钰　王　延　　　封面设计：王　旭

责任印制：郜　敏

北京富资园科技发展有限公司印刷

2022年9月第1版第1次印刷

184mm×260mm·10.75印张·257千字

标准书号：ISBN 978-7-111-71017-2

定价：34.80元

电话服务	网络服务
客服电话：010－88361066	机　工　官　网：www.cmpbook.com
010－88379833	机　工　官　博：weibo.com/cmp1952
010－68326294	金　书　网：www.golden-book.com
封底无防伪标均为盗版	机工教育服务网：www.cmpedu.com

前言

为贯彻落实中共中央办公厅、国务院办公厅印发的《关于推动现代职业教育高质量发展的意见》及教育部《中等职业学校学生心理健康教育指导纲要》有关精神，坚持现代职业教育要秉承立德树人、德技并修，推动思想政治教育与技术培养相融合，坚持身心健康发展与技能培养相统一的原则，根据中等职业学校学生的身心特点及其所处的时代特点，我们编写了《学生团体心理辅导教程》。

中等职业学校学生处于人生的花季，正从青春期向青年期过渡，身心发展处于转折时期，存在着生理的逐渐成熟和心理不成熟之间的矛盾。同时，他们也是在网络环境下成长起来的新时代青少年，智能手机、网络游戏、短视频等“微时代”产物伴随着他们每一天的学习与生活，且充满诱惑力，使他们极易沉迷其中。再加之职业学校学生面临毕业后的就业压力，能否顺利踏入社会、适应职场生活，让他们时常焦虑。因此，面对这群具有鲜明时代特点的职校学生，《学生团体心理辅导教程》以体验式心理健康教育为特点，通过创设实际的或模拟的情景，将学习内容转化为具体活动，让学生在亲历活动的过程中，彰显学习的自主性，激发学习热情，让学生在体验中建构知识、增强能力并产生情感。

本书的编写人员都是长期在中等职业学校从事心理健康教育的教师，具有丰富的教育教学经验。本书编排了8个单元、27个任务，从新生适应、认识自我、时间管理、情绪管理、人际交往、恋情处理、学会学习及珍爱生命等方面，提供了较为完整的团体心理辅导方式。书中的学生团体心理辅导模块，适用于职业院校学生以班级为单位进行团体心理辅导活动，也适用于班级主题班会、团队活动训练等。在表现形式上，通过团体游戏、角色扮演、讨论、绘画、冥想等多种方式来进行情景体验，并设置了“扫一扫”栏目，提供“暖身体验”和“心理加油站”等视频教学资源，以二维码的方式呈现，增强了课程教学的实效性。“心灵绘画”栏目通过命题绘画让学生宣泄情绪、释放压力、和谐身心。相关的心理知识阅读、心理效应、心理美文等拓展知识，融入思政元素，帮助学生解决成长过程中遇到的心理困惑，促进潜能发挥，塑造完美人格，帮助学生健康快乐地成长、成才。

本书由钟岩、李炎担任主编，王岩、闫涵、修丽娟担任副主编，谢芳芳、郭忠、郑欣禹、王璐、张颖、迎春参与了编写工作。本书在编写过程中得到了有关院校领导、专家的大力支持和不吝赐教，并借鉴和参阅了教育学、心理学等领域的相关成果和文献资料，在此谨致谢意！

因编者水平所限，书中难免存在错漏之处，敬请读者指正。

编　者

二维码索引

暖身体验

序号	名称	二维码	页码	序号	名称	二维码	页码
1	大风吹		2	9	我们是最棒的团队		72
2	抓住爱		8	10	兔子舞		78
3	雨点变奏曲		20	11	突围闯关		83
4	手指操		33	12	问题接龙		100
5	萝卜蹲		38	13	类别尽数		106
6	子曰		48	14	棒打糊涂仙		120
7	球球大作战		54	15	怪兽		127
8	幸福拍手歌		60	16	照镜子		144

心理加油站

序号	名称	二维码	页码	序号	名称	二维码	页码
1	欣赏自己		3	3	走不出去的沙漠		15
2	石头的价值		9	4	南瓜能承受多大的压力		21

（续）

序号	名称	二维码	页码	序号	名称	二维码	页码
5	还有一人你没认识		28	17	天堂与地狱		95
6	接受自己		34	18	沙漠同行		101
7	你就是自己的圣人		39	19	无怨的青春		107
8	放飞梦想		44	20	爱情与婚姻		114
9	三余读书		49	21	见与不见		121
10	假如今天是我生命中最后的一天		55	22	霍金的故事		128
11	可怜的骆驼		61	23	跳蚤的故事		135
12	请不要开错窗		67	24	追影子的孩子		140
13	世界冠军被苍蝇打败		74	25	把悲痛和怨恨留在身后		145
14	带疤痕的木板		79	26	蝴蝶的故事		153
15	共命鸟的故事		84	27	生命的旋律在起舞		159
16	三只青蛙		90				

目录

第一单元　初入中职校园

任务一　相亲相爱一家人

——心理健康知识知多少

模块一　心声坦露

1．我是家里的独苗，很少离开家，更没有过住校的经历。刚刚进入校园，老师陌生、同学陌生、环境陌生，非常渴望融入集体，感受温暖。

2．刚刚来到新校园，还不知道同学叫什么名字，对同学的了解还是空白，希望对同学有更多的了解。

很孤单，怎么办？

3．从小父母在外打工，我是在爷爷、奶奶身边长大的，跟父母在一起会感到很拘谨。来到新校园后，对同学和老师有敌意，不知怎么办，我是不是有心理问题？

4．班集体刚刚组成，感觉同学之间还不默契，纪律也很涣散，非常渴望班集体能成为有凝聚力的大家庭！

模块二　行动起来

暖身启心智

大　风　吹

▲暖身介绍:通过开心、活泼的游戏,让同学之间相互熟悉,增加了解和认识,让彼此之间更亲近。同时考考你的应变能力、反应能力,让你身心更愉悦!

▲目标:通过体验活动让同学身心愉悦。

▲时间:10 分钟。

▲准备:准备比学生人数少一把的椅子。

▲操作过程:

(1)将椅子围成一个圆圈,请同学们坐在椅子上。

(2)选一名同学担任大风吹游戏的预报员,站在圆圈中央。

(3)预报员站在圆圈的中央,对大家说:“大风吹”,其他同学异口同声地问:“吹什么?”预报员回答:“吹戴眼镜的同学”“吹所有男生”“吹穿校服的同学”等,这个时候,具有这些特征的人必须交换位置,预报员也去抢位置,这时 n 个人去抢 $n-1$ 个座位,没有抢到座位的同学来担任预报员,接着进行大风吹游戏活动。

暖身体验:大风吹

▲示范教学:扫描二维码,观看暖身体验示范视频。

▲注意事项:

(1)此活动比较激烈,要求学生时刻注意安全。

(2)分别让担任预报员和没担任过预报员的同学分享感受。

(3)给予比较内向的同学以关注和抚慰。

体验助成长

●**主题体验一　滚雪球**

▲体验介绍:请你记住同学的姓名、爱好及出生地等信息,让同学对彼此更加熟悉,让我们来体验吧!

▲目标:记住同学的姓名、爱好及出生地等信息,进一步增进了解和友谊。

▲时间:20 分钟。

▲准备:无。

▲操作过程:

(1)将全班同学分成 4 个小组,每个小组第一个组员说出自己的姓名、爱好、来自什么地方,第二个组员重复第一个组员的信息并说出自己的姓名、爱好及来自什么地方,第三个组员重复前两个组员的信息并说出自己的相关信息,以此类推,直到所有组员都说完为止。

(2)每个小组最后的组员要在全班同学面前分享本组所有组员的相关信息。

▲注意事项:

(1)如果哪位同学记不住前面同学的信息,前面的同学可以进行提示。

(2)对记忆力较差的同学给予鼓励和关注。

●主题体验二 《相亲相爱一家人》手语操

▲体验介绍:观看视频《相亲相爱一家人》,跟老师一起学习《相亲相爱一家人》手语,让我们这个集体更温暖、更有力量,让我们成为相亲相爱的一家人吧!

▲时间:8 分钟。

▲准备:《相亲相爱一家人》手语操视频。

▲操作过程:

(1)播放视频——《相亲相爱一家人》手语操。

(2)老师带领,全体同学起立与老师一起做《相亲相爱一家人》手语操。

▲注意事项:让全体同学都参与进来,注意学生情绪变化。

模块三 心理加油站

扫一扫:欣赏自己。

心理加油站:欣赏自己

模块四 心理知识拓展

心理知识

一、健康的含义

健康是指身体健全和体能充沛的一种状态,而不仅仅是指身体没有疾病。正如世界卫生组织(WHO)在其宪章中指出的:健康不仅仅是没有疾病和衰弱的表现,而是生理上、心理上和社会适应方面的健康。根据这种说法,我们就不难理解,为什么现实生活中不少人虽然身体没有疾病,但他们却有病感,或不能适应现实生活,因为他们可能在心理或社会适应方面不健康。人是生理和心理的统一体,心理健康则是健康领域中不可分割的重要组成部分,是衡量个体健康水平的重要指标之一。

心理健康有广义和狭义之分。从狭义上讲,心理健康是指不具有某种疾病或病态心理。从广义上讲,心理健康则是指一种持续的、积极的心理状态,个体在这种状态下拥有良好的适应能力,能充分发挥自身的潜能,具有生命的活力,而不仅仅是没有心理疾病。所以,心理健康有两层含义:一是无心理疾病,这是心理健康的基本条件,心理疾病包括各种心理及行为异常的情形;二是具有积极向上的心理状态,这是从积极的、预防的角度对人们提出的要求,目的是要保持和促进心理健康,消除不健康的心理倾向,使心理处于最佳的发展状态。

二、心理健康的十大标准

1. 具有良好的社会适应性

具有良好的社会适应性主要表现在具备适应各种自然环境的能力,具备人际关系适应能力,具备处理和应付家庭、学校和社会生活的能力。

2. 性格健全,没有缺陷

态度和行为方式符合社会规范,具有良好的社会适应性,并有一定的自控能力。性格脆弱、反复无常、极端内向或外向、与他人或社会格格不入等,都是性格不健全的表现。

3. 情感和情绪稳定协调

这是心理健康的重要标准。不健全的情感反应指遇事情绪波动、冷漠无情、麻木不仁、紧张焦虑、心情忧郁和无法自制自控等。

4. 完好的感知能力

感知力是认识过程的初级阶段,是最基本的心理过程。心理不健康可导致感知障碍,常见的有过敏、迟钝、错觉、内感性不适、幻觉。

5. 适度的反应能力

人的反应能力取决于个性特点、思维模式、智力水平和社会适应性等多种心理因素。过分敏感或迟钝缓慢、优柔寡断等都是心理不健康的表现。

6. 清醒的意识度

心理健康者必须具备清晰的意识,而且对意识水平、意识范围、意识的清醒程度等有一定的强度和质量要求。一个人在非睡眠状态下出现各种意识障碍表现(神志模糊、昏迷等)都是心理疾病或躯体疾病的表现。

7. 注意力的集中度

如果一个人缺乏注意力集中和保持稳定的心理能力,就无法完成自觉的心理行为,也就无法抵抗外来危害的侵袭。注意力涣散、迟钝、范围缩小、飘忽不定、随境转移,长时间幻想沉湎于某种事物等,都是心理不健康的表现。

8. 意志健全与行为协调

衡量意志健全的指标是自觉性、果断性和顽强性。意志过强者武断独行,我行我素,固执己见;意志过弱者模棱两可,畏惧退缩,缺乏信心和决心。

9. 智力正常

智力又称智能,是大脑活动的整体性功能表现。学习成绩佳、能获得高分不完全等于高智能。智能是计算、判断、理解、记忆、抽象思维功能等综合能力的反映。

10. 心理年龄特点符合实际年龄

实际年龄是按照出生后的年限来确定的个体比较客观的年龄,而心理年龄是指依照个体心理活动的健全程度确定的个体年龄。一般情况下,人的心理年龄应与实际年龄相一致,如果差异太大,或多或少会存在一些问题。

企图绝对划分心理健康标准是困难的,用上述十个标准与以下三个原则相结合来衡量心理健康状况要更科学些。三个原则如下:一是心理与环境的同一性;二是心理与行为的统一性;三是人格的稳定性。

三、心理健康对中职生成长的重要意义

中等职业学校的学生要想成为合格的社会人才,不仅要具有良好的职业技能,更要拥有健全的人格和健康的心理。身心健康、和谐发展是学生学习的需要,也是社会对未来参与者素质的要求。

1. 心理健康影响着身体健康

人的心理活动和生理活动是密切相关、相互依存的。生理健康是心理健康的基础,而心理健康反过来又能促进或阻碍生理健康。一方面,良好的情绪有利于生理健康。人体内有一种促进身体健康的力量,即良好的情绪力量。如果善于调节情绪,经常保持心情愉快,可以达到未雨绸缪、有病早除的效果。另一方面,不良的情绪会危害生理健康。长寿学者胡里夫指出:"一切对人不利的影响中,最能使人短命和夭亡的是不良的情绪和恶劣的心境。"研究表明:强烈或持久的不良情绪,如烦躁、忧愁、焦虑、多疑、冷漠、恐惧等,最终容易导致生理疾病。

2. 心理健康有利于学生完成学业,促进全面发展

心理健康是有效学习的基础。加拿大生理学家塞里说:"人脑所包含的思维能量与原子核所包含的物理能量相当。"而人的潜能仅仅用了大约10%。教育的目的就是要开发潜能,这需要有健康的心理做支持。大量研究表明,心理健康的人,其大脑皮层神经活动的灵活性、强度、平衡性都比较强,分析综合能力也比较强,经常感到心情愉快、无忧无虑,易于在大脑皮层形成优势兴奋中心,学习效率高。一个具有健康的情绪、坚强的意志品质、良好的性格的人,能积极主动地去克服困难,获得好成绩。一旦心理处于非健康状态,智力与操作的基本功能将受到影响。健康是人生的第一财富,对职业学校的学生来说,心理健康更是学业顺利完成、素质全面发展、未来人生创造的基础。有了健康的心理,学生的学习生活会多一分轻松;有了健康的心理,学生的学业发展会多一分成功。

3. 心理健康有助于建立和谐人际关系

中职生的生理和心理还处在迅速变化中,情绪和情感比较强烈,带有明显的两极性,很容易"动感情"。不少学生是第一次离开父母来求学,面临新的环境、新的同学、新的老师,可能会有很多不适应。对于不适应,心理不健康的人会出现一系列负性情绪表现,如迷茫、烦躁、忧虑、悲伤、恐惧、愤怒等,这种负性情绪状况持续下去,就会导致行为异常,不利于人际交往;反之,心理健康的人,则会及时调节,保持情绪稳定,保持乐观的生活态度,对自己、对他人都会充满自信,与他人相互关爱,这样就会在自己周围营造和谐的人际氛围。

心灵绘画

画心目中的树

▲指导语:请准备好纸(A4)和笔(铅笔或彩色笔),画一棵心目中的树。

▲温馨提示:

1. 这不是美术作业,不是画你见过的真实的一棵树,也不要重复在美术课上老师教你画过的树。

2. 你要画的是此时此刻心目中树的样子,树的大小、颜色、位置都由你自己决定。

3. 请只管画自己心目中的树,不要看别人的。

心理效应

詹森效应

有一名运动员叫詹森,平时训练有素,实力超强,但在体育赛场上却连连失利。人们借此把那种平时表现良好,但在关键时刻由于缺乏应有的心理素质而导致竞技场上失败的现象称为詹森效应。在日常生活中,名列前茅、实力超强与赛场失误之间关系的唯一解释只能是心理素质问题。究其原因,一方面是得失心过重。有些人平时战绩累累、卓然出众,令其形成一种心理定式:只能成功不能失败。再加上赛场的特殊性,社会、国家、家庭等方面的厚

望，使其患得患失的心理加剧，心理包袱过重，如此强烈的心理得失困扰自己，怎么能够发挥出应有的水平呢？另一方面是缺乏自信心，产生怯场心理，束缚了自己潜能的发挥。

如何走出詹森效应的怪圈呢？首先，要认清赛场的真实面目，克服恐惧感，赛场并不可怕，只是比平常正规一些而已。其次，要平心静气地走出狭隘的患得患失的阴影，不贪求成功，只求正常地发挥自己的水平。赛场竞技是能力的较量，同时也往往是心理素质的较量，"狭路相逢勇者胜"，只要树立自信心，一分耕耘必定有一分收获，最终定会交出一份满意的答卷。

心理美文

每一朵花都是美丽的

纽约市一所中学为了给贫困学生募捐，决定排演一出话剧。9 岁的凯瑟琳很幸运地被老师选中扮演剧中的公主。接连几周，母亲都煞费苦心地跟她一起练习台词。可是，无论她在家里表现得多么自如，一站到舞台上，她头脑里的词句就全都没了影踪。最后，老师只好让别人替换了她。老师告诉凯瑟琳，她为这出戏补写了一个道白者的角色，请凯瑟琳调换一下角色。虽然她的语气挺亲切委婉，但还是深深地刺痛了凯瑟琳——尤其是看到自己的角色让给另一个女孩的时候。

那天凯瑟琳回家吃午饭时，没把发生的事情告诉母亲。然而，细心的母亲却察觉到她的不安，母亲没有再提议练台词，而是问她是否想到院子里走走。

那是一个明媚的春日，蔷薇正泛出亮丽的新绿。凯瑟琳无意中瞥见母亲在一棵蒲公英前弯下腰。"我想我得把这些杂草统统拔掉，"她说着，用力将它们连根拔起，"从现在起，咱们这庭园里就只有蔷薇了。"

"可我喜欢蒲公英，"凯瑟琳抗议道，"所有的花儿都是美丽的，哪怕是蒲公英！"

母亲微笑着打量着她，"对呀，每一朵花儿都以自己的风姿给人愉悦，不是吗？"

凯瑟琳点点头，高兴自己说服了母亲。

"对所有人来说也是如此，"母亲又补充道，"不可能人人都当公主，当不了公主不必羞愧。"

凯瑟琳想母亲猜到了自己的痛苦，她一边告诉母亲发生了什么事，一边哭泣起来。母亲听后释然一笑。

"但是，你将成为一个出色的道白者，"母亲说，"道白者的角色跟公主的角色一样重要。"

任务二　寻找归属
——归属感及其培养

模块一　心声坦露

模块二　行动起来

暖身启心智

抓　住　爱

▲暖身介绍:如果让你用左手和右手同时做不同的动作,是不是觉得很困难?下面就让我们来试一试,要相信自己能够做到哦!如果做到了,你会觉得自己很有能力、很开心、很刺激,大家一起来参与吧!

▲目标:让同学们身心活跃、情绪兴奋、快乐起来。

▲时间:5 分钟。

▲准备:无。

▲操作过程:

(1)全体同学围成一个大圆圈,每个人都手臂半弯曲,伸出左手和右手,然后左手手心向下,右手食指向上,左右两边同学的手心和手指都连接起来。

(2)当老师说到"爱"字的时候,左手抓同学的食指,右手食指逃离,防止被抓,同时做两个动作。在这个过程中,哪位同学食指被抓到的次数多,便为大家表演节目。

▲示范教学:扫描二维码,观看暖身体验示范视频。

▲注意事项:

(1)关注表演节目同学的感受。

(2)准备一段含有"爱"字的文字。

每个人从小到大都被父母的"爱"包围着,大家都有一个渴望,渴望被理解、渴望被尊重、渴望被"爱"护,让我们在这个温馨的集体中,学会学习,学会成长,成为相亲相"爱"的一家人。

暖身体验:抓住爱

体验助成长

●主题体验一　抱团取暖

▲体验介绍:我们都希望有温暖的家,都担心被别人冷落、被集体忽视,让我们来体验一下集体的温暖,从而在生活中更珍惜集体的温暖怀抱吧!

▲目标:让同学体验有归属感的感觉,在生活中学习寻找归属和给予别人关爱。

▲时间:8 分钟。

▲准备:无。

▲操作过程:

(1)主持人可由老师担任或由同学担任。

(2)全体同学手拉手围成一个大圈,体验在集体中的温暖和舒适。

(3)然后主持人说"变",例如变成 3 个人手拉手、变成 5 个人手拉手等,同学跟着主持人的指令完成相应的动作。

(4)让在活动中落单的同学说说"无家可归"的感受,以及对自己有什么新的认识、在活动中学到了什么。

▲注意事项:

(1)教师注意了解落单学生的心理感受,并及时给予抚慰。

(2)拉手的过程中对男生和女生之间不合作的情况,进行关注和引导。

●主题体验二　相似圈

▲体验介绍:在班级中有没有跟你在很多方面相似的同学,比如有相似的爱好、来自相同的地域、跟你同年同月同日生、有共同的目标等,让我们来一起发现吧!

▲目标:让我们在活动中找到与自己在某些方面相似的同学,找到“相似圈”。

▲时间:20 分钟。

▲准备:无。

▲操作过程:

(1)请将同学分成几个小组,每个小组 7 ~8 人。

(2)每个小组请从 1 号组员开始,向前一步走,然后 1 号组员可以这样说:“在这个小组中,有谁像我一样喜欢听歌,请向前一步走。”这时请与 1 号组员有相同爱好的同学向前一步走,然后再回到小组队伍中。接着下一个同学,例如“在这个小组中,有谁像我一样喜欢旅游,请向前迈一步”等,有相同爱好的同学向前一步走,然后再回到小组中,以此类推,直到小组中每个组员都说一遍。

(3)最后每个小组找一个同学在全班同学面前分享找到“相似圈”的感受。

▲注意事项:无。

●主题体验三　天使行动

▲体验介绍:在集体中,如果有人默默地关注你、关心你,记录你的喜、怒、哀、乐与成长变化,你会不会很开心? 让我们来体验吧!

▲目标:让我们进一步体验拥有同学关心、爱护的温暖感觉。

▲时间:5 分钟。

▲准备:一个牛皮口袋,与班级人数相同的五颜六色的心形卡片,每人一支笔。

▲操作过程:

(1)请你将自己的名字写到心形卡片中,放入牛皮口袋,然后请你在口袋中随机抽取卡片,如果抽到自己的卡片就放回去,如果抽到别人的卡片,你就是被抽到的这位同学的守护天使。

(2)接下来,在一周内默默地观察被抽到同学的行为,在不被他/她知晓的情况下,关心他/她,照顾他/她,看看他们的变化,记录他们的言行、情绪变化等信息,下次上课的时候揭晓守护天使。

▲注意事项:提醒同学下次上课时将抽到的心形卡片带来。

心理加油站:石头的价值

模块三　心理加油站

扫一扫:石头的价值。

模块四　心理知识拓展

心理知识

一、学校归属感的含义

学校归属感是学生在学校环境中得到老师和同学们的接受、尊重和支持的感觉，在学校生活和课堂活动中感觉自己是重要的一部分。

二、中职生归属感缺乏的影响因素

1. 社会因素

中职生年龄在15～18岁，仍处于心理逆反期，且一般对文化课学习兴趣不足。同时，当前在校的中职生多是在网络环境下成长起来的，深受网络的影响，微博、微信、QQ等“微时代”产品伴随着他们每天的生活。由于社会环境的快速变化，学生面临着更多的诱惑，喜欢把更多的时间和精力放到网吧和其他娱乐场所，造成学生集体归属感的缺失。

2. 学校因素

影响学生归属感的客观因素就是学校，学校的人文环境、教学质量、教学设施、文化建设环境等，都会对学生产生持久而深刻的影响。学校平时的管理政策和管理行为也会对学生的集体归属感产生很大的影响。

3. 家庭因素

有些学生曾是农村留守儿童，有的学生来自单亲、离异家庭，使得一些学生从小缺乏家庭的关爱，缺少与人相处的能力；还有一些家庭对孩子的教育是重智商、轻情商，孩子只管学习，其他的都由父母来包办，导致学生缺乏吃苦耐劳的精神及艰苦奋斗、战胜困难的勇气。总之，家庭的不良教育、不良环境，对中职生归属感的形成也会有一定的影响。

4. 自身因素

中职生在初中阶段因成绩的原因，受到打击较多，自尊心和自信心严重受挫，会把这些不利的因素带到职校生活中来，对前途感到迷茫。加之职校阶段又是中职生从学生向成人转变的时期，是心理“断乳”的关键阶段，内心充满各种矛盾，如渴望独立与依赖的矛盾，自卑与自傲的矛盾，身体上的成熟与心理不成熟的矛盾等。逆反期还没有完全度过，还没有完全成熟的心理品质，对他人、对环境还没有充分的信任，这也影响到中职生归属感的形成。

三、培养中职生归属感的意义

1. 在校有归属感对学生的校园生活和个人发展十分重要

学生的集体归属感是影响个人校园生活感受的关键，也是影响个人发展的重要因素。集体归属感的形成需要多方面的努力，包括家庭、学校、社会、老师以及学生自身。良好的校风学风、优秀的教师团队、和谐的班集体、浓郁的校园文化，这些都为学生集体归属感的形成提供了外在的环境；同时，集体归属感对于学生从家庭向社会过渡也非常重要。可见，提高学生的归属感无论是对学生的健康成长还是对学校价值的实现都有重要的理论和现实意义。

2. 学生在集体中获得归属感会避免很多问题的发生

中职生因缺乏归属感可能会出现以下问题：网络成瘾问题、早恋问题、情绪问题、人际关系问题等。这些问题反映了中职生群体潜在的发展需求，比如网络成瘾问题，在问题的背后，可能是学生学习受挫，或者班级同学关系或师生关系不佳，为了寻求自我成就感或感情寄托而沉迷于网络。所以，要想解决这些问题，必须找到导致这些问题的真正原因。

3. 中职生在集体中有归属感具有实践意义

中职生的集体归属感与学生的积极情感、学业成就有明显的正相关关系，是促进学生身心健康和学习积极性的巨大动力。若能快速、有效地帮助学生构建起牢固的集体归属感，不仅能方便班级学生的有效管理，提升班级的凝聚力，提升班级建设力量，而且对学生的成长也会起到巨大作用。

四、加强中职生归属感的方法

1. 注重对中职生进行引导，端正学习态度

端正的学习态度是影响学生归属感的前提。学校是学生学习、生活和成长的重要场所，是学生学习的重要外部环境，学生只有学习态度端正才会积极努力学习，才会从学校获得更多的知识和能力，才能真正融入学校，参与学校组织的各种活动，从中找到更多的乐趣，获得更加全面的体验，也才会体会到学校的作用和价值。

2. 融洽师生关系，关注关心学生

中等职业学校最为重要的人际关系就是师生关系，这也是影响学生归属感最为重要的因素之一。很多中职生心理还不够成熟，他们离开父母、离开家庭，迫切需要找到一个心灵的归属，需要更多的关怀。如果老师能够给予学生更多的关心和关注，能够让学生得到心灵的慰藉，感受更多的温暖，学生就会对老师产生强烈的亲近感和归属感。老师和管理者需要从学生角度出发，给予他们更多的尊重、爱护和关心，在他们最需要帮助的时候伸出援助之手，在他们脆弱的时候给予更多的安全感，让学生的内心产生对学校的依恋，获得精神上的归属。

3. 完善设施设备，优化校园环境

中等职业学校的硬件和软件环境将影响学生的生活和成长，是学生生活和能力提升的重要基础。学生能够在学校快乐生活，就会喜欢上学校，能够在学校学到知识、培养能力，能够找到理想的工作，并有着广阔的发展前景，就会对学校充满感激，永远不忘学校。为此，中等职业学校需要加大教育投入，积极改善办学环境，为学生生活和学习创造优越条件，促进学生全面发展进步。

4. 突出人本理念，提高管理水平

中等职业学校学生管理应坚持以人为本的理念，尊重学生的个性，为学生提供更多的服务，帮助学生更好地学习和成长。立足学生实际，以学生的发展为出发点，以促进学生学习和成长为根本宗旨，提高管理水平，提升服务质量，让学生更好地感知自己的主人翁地位。

总之，中等职业学校需要认真研究学生的现状，找出影响学生归属感的因素，并采取有针对性的措施，不断强化学生的主人翁精神，让学生从中得到更多的安全感和依赖感。

心灵绘画

画全家福

▲指导语：请准备好纸（A4）和笔（铅笔或彩色笔），画出你的全家福。

▲温馨提示：

1. 这不是美术作业，不要求你把每个人画得多么像，你只要把你心目中的全家福画出来即可，也不管这些人是否住在一起。

2. 背景和布局等内容完全由自己确定。

心理效应

鸟笼效应

1907年，詹姆斯从哈佛大学退休，同时退休的还有他的好友——物理学家卡尔森。一天，两人打赌，詹姆斯说："一定会让你不久就养上一只鸟的。"卡尔森不以为然："我不信！因为我从来就没有想过要养一只鸟。"没过几天，恰逢卡尔森生日，詹姆斯送上了礼物——一个精致的鸟笼。卡尔森笑了："我只当它是一件漂亮的工艺品，你就别费劲了。"从此之后，只要客人来访，看见书桌旁那只空荡荡的鸟笼，他们无一例外都会问道："教授，你养的鸟什么时候死了？"卡尔森只好一次次地向客人解释："我从来没有养过鸟。"然而，这种回答每每换来的却是客人困惑且有些不信任的目光。无奈之下，卡尔森教授只好买了一只鸟，詹姆斯的鸟笼效应奏效了！实际上，人最难摆脱的是无谓的烦恼。我们身边的人，包括我们自己，很多时候不都是先在自己的心里挂上一个"笼子"，然后再不由自主地朝其中填满一些东西吗？

心理美文

两个鱼缸

一条黑金鱼养在右边的鱼缸，八条红金鱼养在左边的鱼缸。

红金鱼们望着黑金鱼发呆，心想：黑金鱼住的地方多么宽敞。黑金鱼望着红金鱼们也发呆，心想：红金鱼们住的地方多么热闹。

于是，红金鱼们纷纷往黑金鱼所在的缸里跳，黑金鱼则急切地往红金鱼所在的缸里跳。

结果，左边缸里变成了一条黑金鱼，右边缸里变成了八条红金鱼。

两边缸里的金鱼望着对方，目瞪口呆。

想宽敞的依然拥挤，想热闹的依然孤单。这就是生活，从一个鱼缸跳到另一个鱼缸，结果什么也没改变。

有人说：生活在别处！总埋怨自己生活的此处没有风光，于是兴冲冲地赶往他处，当风尘仆仆地到达时，却懊恼地发现，他处更无风光。这是围城效应，在外面的人想冲进去，在里面的人却想冲出来，因为他们的眼前总堵着一道“围城”。

还是泰戈尔说得好：“小草，你的足步虽小，但是你拥有你足下的土地。”明智的人会立足于经营自己，经营此处，经营现在。哪怕一根小草，也有足下之地可经营呀！

但凡能变更心境者，就能变更生活。只看着别处风光好的金鱼哪能明白，无论在江南，还是在塞北，落地就能生根发芽的小草靠的是“适者生存”的能力，“野火烧不尽，春风吹又生”的小草靠的是不屈的生命力！

任务三　个 性 名 片

——中职新生个性展示与环境适应

模块一　心声坦露

模块二　行动起来

暖身启心智

天使揭秘

▲暖身介绍：上周的活动后，我感觉自己有责任感了，每天都在观察我的天使，并且耐心地记录下他/她的言行。我也感觉被别的同学默默地关注着、关心着，真有趣，马上就要揭秘我的天使了，特别期待！

▲目标：让我们来体验揭秘天使的惊奇感觉。

▲时间：5 分钟。

▲准备：每位同学带上自己上次课抽到的心形卡片。

▲操作过程：

（1）请你将心形卡片放入准备好的小盒中。

（2）请心理课代表随机抽 5 名同学来描述被守护者的特征，然后让其他同学来猜他/她是谁，猜对者有奖励。

（3）全班同学一起来揭秘自己是谁的守护天使，最后将所有同学的卡片贴在展示墙上。

体验助成长

●主题体验一　你型我秀

▲体验介绍：我希望了解别人，也希望被别人了解，更希望展示自己优美的体形和富有个性的动作，同时有机会做一次模仿秀也是快乐的。激动人心，展示自我的时刻到了！

▲目标：通过动作来展示自己的个性。

▲时间：10 分钟。

▲准备：无。

▲操作过程：

（1）请大家围成大圈，从头到尾报数。

（2）凡是报奇数的同学展示一个具有个性的优美动作，与之相邻的右边报偶数的同学来模仿动作，直到所有报奇数的同学都做一遍动作、报偶数的同学都模仿一遍为止。

▲注意事项：对于比较内向或者没有特长的同学给予关注和鼓励。

●主题体验二　个性名片

▲体验介绍：有机会给自己做一个名片，也是一个很特殊的经历，如果你有这样的机会，你会展示哪些信息呢？下面就让我们来体验吧！

▲目标：同学将自己的个性展示出来，尽快深入了解彼此。

▲时间：23 分钟。

▲准备：空白的胸卡，彩色笔若干。

▲操作过程：

（1）请主持人给每位同学发一个空白的胸卡，彩色笔放场地中央公用。

(2)在5分钟时间内,让每位同学为自己设计一张个性名片并插入胸卡内。

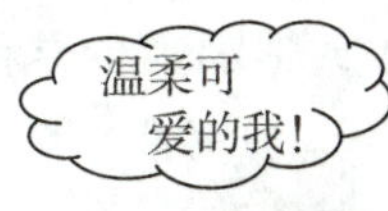

(3)个性名片要求:

1)不少于5条个人信息。

2)除文字外,可采用图形等多种形式。

3)可用多种颜色的笔。

4)个性名片上的信息可以是以下一些内容:

①姓名、昵称、网名、外号。

②身高、体重、体型、肤色等。

③特长、兴趣、嗜好。

④最喜欢的歌星、影星,最崇拜的人,最不喜欢的人等。

⑤经历、志向、目标。

(4)在小组中相互交流,在集体中分享。

模块三 心理加油站

扫一扫:走不出去的沙漠。

心理加油站:走不出去的沙漠

模块四 心理知识拓展

心理知识

一、个性的含义

个性又叫人格,是指一个人独特的、稳定的和本质的心理倾向和心理特征的总和。简单地说,个性就是一个人的整体精神面貌。

个性是一个人区别于他人的,在不同环境中显现出来的,相对稳定的,影响人的外显和内隐行为模式的心理特征总和。

二、个性特征

一般而言,个性具有下列特征。

1. 倾向性

个性的倾向性是指人对社会环境的态度和行为的积极特征,包括需要、动机、兴趣、理想、信念、世界观等。

2. 复杂性

个性是由多种心理现象构成的,这些心理现象有些是显而易见的,别人看得清楚,自己也觉察得很明显,如热情、健谈、直爽、脾气急躁等;有些非但别人看不清楚,就连自己也感到模模糊糊。

3. 独特性

每个人的个性都具有自己的独特性,即使是同卵双生子甚至连体婴儿长大成人后,也同样具有独特的个性。

4. 积极性

个性不是被客观环境任意摆布的消极个体,它具有积极性、能动性,并统帅全部心理活动去改造客观世界和主观世界。

5. 稳定性

从表现上看,人的个性一旦形成,就具有相对的稳定性。

6. 完整性

如前所述,个性是个完整的统一体。一个人的各种个性倾向、心理过程和个性心理特征都是在其标准比较一致的基础上有机地结合在一起的,绝不是偶然性的随机凑合。人是作为整体来认识世界并改造世界的。

7. 发展性

婴儿出生后并没有形成自己的个性,但随着成长,其心理不断丰富、发展、完善,逐渐形成其个性。从形式上讲,个性不是预成的,而是心理发展的产物。

8. 社会性

个性是有一定社会地位和起一定社会作用的有意识的个体。它是一个处于一定社会关系中的活生生的人和这个人所具有的意识的总和。个性的社会性是个性的最本质特征。

三、中职生的个性展示与环境冲突

中职生具有与普通高中生和大学生不同的鲜明的个性特点,进入新的校园,一切都是陌生而又新鲜的。由于环境的改变、学习要求的变化、青春期发育的出现以及心理准备的不足等,许多同学进入新的学校后在认知、情绪、行为等方面出现迷茫、困惑、痛苦等情况,中职生的个性与环境出现一些冲突,会出现适应不良的情况。

1. 生活环境改变带来的不适应

中职生面临的第一个巨大变化就是环境的改变。不少同学从外地来到学校,离开了家乡熟悉的一切,首先面对的是陌生的校园环境、陌生的城市。

2. 学习内容和方式的改变带来的不适应

中职期间的学习和中学有很大不同。职业学校的课程呈现多元化,既有基础课又有各类专业课;不仅要学习理论知识,还要注重培养实践能力。这些变化对于已经习惯了中学教学方式和学习方式的初中毕业生来说是一种严峻考验,有不少新生会不适应,会觉得手足无措、无所适从。

3. 新的人际关系带来的不适应

进入职业学校后,中职生进入了一个崭新的学习和生活环境,一些同学会因为彼此间语言、价值观念、生活习惯、性情等方面的差异,出现种种人际关系方面的困扰,于是产生了种种不适应的心态。加之中职生的自我意识较初中生而言明显增强,容易把自己的心灵之门关闭起来;还有些同学对人际交往缺乏信心,顾虑重重,既怕自己不能被人理解,又怕对方不以诚相待,时常产生莫名的孤独感,这些都会使其出现不适应的情况。

四、中职生适应不良的个性因素

1. 气质、性格差异

气质和性格作为学生心理结构的重要特征,是影响新生入校最初适应性的重要因素。一般来说,胆汁质的学生热情奔放,多血质的学生开朗活泼,这两种气质的人都能较快地适应新的环境。而黏液质和抑郁质的学生相对含蓄、沉静,不善于与人交往,融入新环境的速度慢一些。另外,从性格上来说,外向型性格的学生一般会比内向型性格的学生适应得快一些,适应效果好一些。

2. 心理年龄特征影响

中职生的心理年龄特征决定了中职生容易产生相当程度的闭锁心理以及自我中心倾向,人际交往缺乏主动性,从而阻碍了相互间的沟通和交流。加之中职生正好处于青春发育期,思维容易陷入极端化,且容易产生较大的情绪波动,所以面对新的环境时会感觉不适应,并伴随强烈的负面情绪,这也是正常的。

3. 自我认知失调

自我认知失调主要表现为自我评价过低,有些中职生容易产生强烈的自卑感。男同学会因身材矮小而自卑,女同学会因长相不佳而自卑。而从农村入学的同学,更容易感到自卑,导致各方面的适应性问题。同时由于种种原因,部分学生在初中阶段受到批评较多,自信心受到了重创。进入职业学校后,仍有一些同学不能摆脱思维定式,一时难以适应。

五、调整个性,积极适应新生活,快乐成长

能面对现实并以积极的态度适应环境,情绪稳定、乐观,能保持良好的心境,这是中职生心理健康的一个重要指标。因而,中职新生要学会积极地适应新生活,体会成长的快乐和生活的幸福。

1. 做好心理准备,勇敢面对困难

中职新生要认识到适应是中职生活的第一课,适应是自我成长的机会。遇到一些困难的时候,应以顽强的意志力勇敢地去面对。

2. 调整角色心理,明确自我定位

人的社会角色变化了,相应的角色心理就应该跟着转变,必须努力调整心态,正确定位自己。进入职业学校后,每个同学都会面临重新评价自己的问题。每位新生都应该看到从中学生到中职生这种社会角色的变化,看到自己身上蕴藏着的巨大潜能,学会正确客观地认识和评价自我,给自己一个正确的定位。

3. 积极融入集体,调整人际关系

入学之初,同学间的互相关心和帮助,相互信赖和理解,有助于减轻心理压力,减少孤独和寂寞,减少对父母的依赖感,较快地熟悉新的学习和生活环境。所以新生一定要让自己尽快地融入新的集体,同学间多加了解,熟悉彼此的生活习惯和性格,相互谦让,多从对方的角度去考虑问题,不能以个人的好恶来要求他人。特别是宿舍生活中要用宽容和关爱之心对待室友,当别人的生活习惯与你不合拍甚至影响你时,不要抱怨更不要动怒。

刚进入职业学校的新生,即将面临的是一段迷茫的适应期。这一阶段对中职生来说是一个适应过程,它既是成长道路的起点,也是人生道路的重大转折点。因此,积极地适应职业学校的学习生活是进入学校后的首要目标。当出现问题时,要积极地去面对,不断调整自己的个性,从而顺利度过“心理失衡期”,做新生活的主人。

心灵绘画

画微信头像

▲指导语:放松身心,给自己的微信画一个头像。

▲温馨提示:

1. 画完后给作品命名。

2. 用三个关键词描述头像。

心理效应

名片效应

有一位求职青年，应聘了几家单位都被拒之门外，感到十分沮丧。最后，他抱着一线希望到一家公司应聘，在此之前，他先打听了该公司老总的历史。通过了解，他发现这个公司老总以前也有与自己相似的经历，于是他如获至宝。在应聘时，他就与老总畅谈自己的求职经历，以及自己怀才不遇的愤慨。果然，这一席话博得了老总的赏识和同情，最终他被录用为业务经理。这就是所谓的名片效应，即两个人在交往时，如果首先表明自己与对方的态度和价值观相同，就会使对方感觉你与他有更多的相似性，从而快速地缩小与你的心理距离，更愿同你接近，结成良好的人际关系。在这里，有意识、有目的地向对方表明的态度和观点如同名片一样，把自己介绍给对方。

恰当地使用"心理名片"，可以尽快促成人际关系的建立。但要使"心理名片"起到应有的作用，首先要善于捕捉对方的信息，寻找其积极的、你可以接受的观点，从而"制作"一张有效的"心理名片"；其次要寻找时机，恰到好处地向对方出示你的"心理名片"，这样你就可以达成目标。掌握"心理名片"的应用艺术，对于人际交往、人际关系的处理具有很大的实用价值。

心理美文

秀个性，做自己

个性是广阔的天空，个性是深邃的大海，人人都有个性。如果没有个性，那么我们的世界将是昏暗的；如果没有个性，那么我们的语言将是乏味的。幽默是个性，独立是个性，多才多艺、博学多识也是个性。

有个性也许会让你得到别人的赏识。某公司总经理沃森信奉这样一句话：野鸭或许能被人驯服，不过一旦被驯服，野鸭就失去了它的野性，再也无法海阔天空地自由飞翔了。他曾说："对于重用那些我不喜欢却有真才实学的人，我从不犹豫。然而重用那些只会在你耳边说些奉承话的人，这就是一种莫大的失误，与此相比，我更看重那种个性强烈、不拘小节以及直言不讳甚至给人难堪、令人不快的人。如果你能在身边发现这样的人，并认真听取他们的意见和建议，那你的工作就会如鱼得水、游刃有余。"由此可以看出，在生活、工作中展现自己的个性是多么重要。

有个性也许会让你得到别人的尊敬，包括你的对手和敌人。文天祥，一位伟大的爱国志士，在面对国破家亡、自己兵败被俘的灾难时，他坦然地选择了与国家共存亡。他的崇高人格令世人称赞，但我觉得最令人敬仰的是他面对诱降时的坦然和对自己民族的忠诚。在被劝降招安的过程中，淋漓尽致地展现了他的个性。他心怀崇高信念，不为暴力所屈服，不为名利所诱惑，其爱国情操、凛然正气、高尚气节、忠贞信念，虽然经历了七个多世纪，却显得更加璀璨。他的个性使他获得了后人对他发自内心的尊敬。

在别人眼里我们也是别人，那么既然做不了别人，我们为什么不做最好的自己，让别人羡慕呢?

泰戈尔曾说："别踩住我的思想。"那么我们说："别修整我们的个性。"就让我们秀出自己的个性，做真正的自己吧!

任务四　压力释放

——中职新生的压力释放与压力管理

模块一　心声坦露

模块二　行动起来

暖身启心智

雨点变奏曲

▲暖身介绍:手脚口配合游戏,口中说口令,从起风了到狂风暴雨,雨越下越大。手脚动作进行配合,越来越复杂。考考你的应变能力和反应能力,让你血流加速、身心愉悦。

▲目标:通过体验活动让你的身心活跃起来。

▲时间:5 分钟。

▲准备:无。

▲操作过程:

(1)两只手互相搓,口中说:“起风了。”

(2)然后右手食指和中指并拢,敲左手掌心,口中说:“滴答,滴答,滴答,滴答,下起了小雨。”

(3)然后右手除拇指外,其余四个手指并拢,拍左手掌心,口中说:“雨越下越大,越下越大,下起了中雨。”

(4)然后右手拍左手,口中说:“雨越下越大,越下越大,下起了大雨。”

(5)最后右手掌心拍左手掌心,加上跺脚,口中说:“呜呜呜……下起了狂风暴雨。”

暖身体验:雨点变奏曲

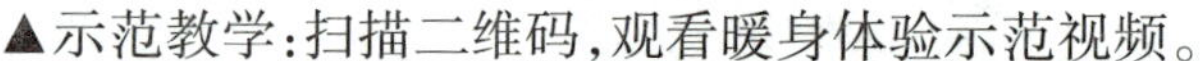

▲示范教学:扫描二维码,观看暖身体验示范视频。

体验助成长

●主题体验一　一杯水的重量

▲体验介绍:让你感受压力的存在,自己去发现释放压力的多种办法,让我们来体验吧!

▲目标:体验压力的感觉,找到释放压力的方法。

▲时间:6 分钟。

▲准备:4 瓶矿泉水。

▲操作过程:

(1)请一位同学站起来,用右手平举一瓶矿泉水,看看能坚持多久。

(2)假如你举不动了,你打算怎么办?

(3)矿泉水瓶象征着你的压力,通过体验你学到了哪些处理压力的办法?

▲注意事项:身体瘦弱的同学举矿泉水瓶的时间根据自身情况确定。

●主题体验二　丢垃圾

▲体验介绍:了解你的压力,并借助朋友的力量,把它当垃圾一样丢掉,让它远离你!

▲目标:让同学学会呈现压力、释放压力。

▲时间:20 分钟。

▲准备:每位学生准备一张纸和一支笔,全班准备一个袋子。

▲操作过程：

(1)请同学拿出纸，在纸上写出自己面临的十大压力。

(2)写完后将压力放入准备好的袋子中，然后请大家随机抽取同学的压力，看看其他同学的压力，然后再分享其他同学的压力。

(3)请你总结压力的种类，看有无共性压力，当你看到其他同学与你有同样的压力时，你会有什么感受？

▲注意事项：

(1)请不要写出自己的真实姓名。

(2)不要猜测是哪位同学写的压力。

●主题体验三　放松冥想：奇妙的橘子

▲体验介绍：冥想是很好的放松方法，让我们一起来体验一下吧！

▲目标：让你学会通过放松冥想来释放压力。

▲时间：7 分钟。

▲准备：

(1)引导者一名，可以是老师，也可以是同学，能够有感情地进行朗读。

(2)轻松柔和的音乐。

▲操作过程：

(1)引导者说："请你轻轻闭上眼睛，下面要进行冥想的体验活动。"

(2)引导文："请你找一个舒服的姿势坐好，慢慢地闭上眼睛，深呼吸，深深地吸气、呼气，深深地吸气、呼气，深深地吸气、呼气……请你感受每一次呼吸时气流从你胸腔滑过的感觉，然后做从头到脚放松，放松头部、肩部、胸部、五脏六腑、手臂、手指、臀部、大腿、小腿、脚心、脚趾等，当你觉得哪个部位还没有放松时，请让你的感觉到达那里，让那个部位得到放松。现在开始想象你手中握着橘子，请你看看手中橘子的颜色，用手触摸一下橘子皮，是粗糙的还是细腻的，闻一闻橘子的气味。现在开始想象进入橘子中，橘子变得越来越大，你躺在橘子里面舒服地待一会儿。尝尝橘子的味道，在里面睡一觉。"此刻停顿一段时间，让学生休息一会儿，然后接着说："如果觉得舒服了，请你回到现在，下面倒数 5 个数，当数到 1 的时候，请睁开眼睛，回到现在。"

▲注意事项：在放松冥想的过程中不要发出嘈杂的声音。

模块三　心理加油站

扫一扫：南瓜能承受多大的压力。

心理加油站：南瓜能承受多大的压力

模块四　心理知识拓展

心理知识

一、压力的含义

压力是个人对外在环境的主观感受和评估，当个人遇到一些比较难处理、无法承担及适应的，或是极具挑战性的情况和事件时容易产生压力。压力不是这些情况和事件本身，而是人对该情况的理解和反应。比如跑 800 米对于善于跑步的人来说是很轻松的事情，但是对于不喜欢运动的人就会产生很大的压力。

二、压力存在的意义

1. 压力给生活带来乐趣

如果人为减少外界刺激，会发生什么结果呢？看看下面的感觉剥夺实验。从事这项实验研究的是加拿大的科学家。他们把受试者关在恒温、密闭、隔音的暗室内。7 天之后，受试者出现感觉被剥夺的病理心理现象：出现视错觉、视幻觉，听错觉、听幻觉；对外界刺激过于敏感，情绪不稳定，紧张焦虑；注意力涣散；思维迟钝；暗示性增强；神经症现象等。对动物的感觉剥夺研究表明，把动物放在完全无刺激的寂静环境中，会损伤动物健康，甚至可以引起死亡。实验证明，生命活动的维持需要一定水平的外界刺激。

2. 环境压力促进人类发展

在个体一生的发展中，每个阶段都需要应付新的压力，没有压力就没有成长。压力是无处不在、不可避免的，也是必要的。

三、压力的特性

1. 积极压力与消极压力

压力本身没有好坏之分，关键在于它所引发的个体反应。个体对刺激事件的评价是积极的，就会产生积极的压力，个体就会更有效地完成任务，提高自信心和自我评价，增强对环境的适应能力。个体对刺激事件的评价是消极的，就会产生消极压力，不利于个体的身心健康发展，也不利于个体对环境的适应。

2. 压力的累积效应

生活中发生的重大变化，如亲人去世、升学失利、父母离异等，会使人紧张并产生压力。事件越严重，数量（次数）越多，持续时间越长，影响就越大。日常生活中的小烦恼虽然不会立即产生明显的消极影响，但是日积月累，也会增加心理负担。当压力累积到一定程度时，即使只遇到一点微小的刺激，也足以使人崩溃。

3. 压力与工作绩效

如果没有压力，你就达不到完成任务所需的思维、情绪和活动水平；但是如果压力太大，也将干扰任务的顺利完成。压力水平与工作绩效之间存在一个影响变化规律，如图 1-1 所示。

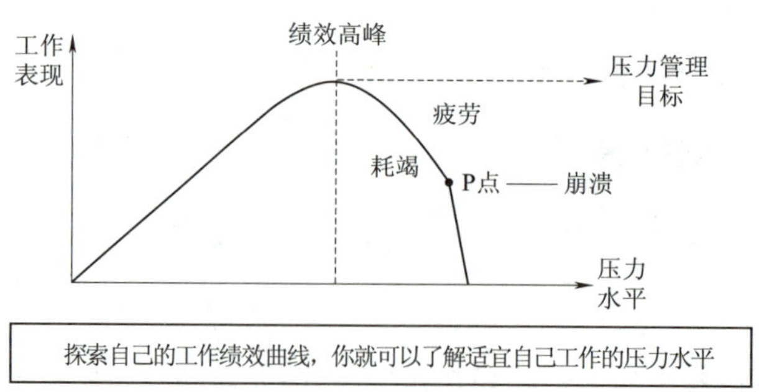

图 1-1　压力与工作绩效的关系图

四、关于压力的 8 种错误假设

1. 以为没有压力、轻松愉快是理想的生活状态

没有变化、没有挑战本身就是一种压力，真空生活是不存在的。

2. 认为他人是造成工作压力的原因

期望他人来解决你的压力问题是不切实际的，每个人都有自己需要应对的压力。你需要应对压力，因为最终你只能依靠自己来减轻你的心理负担。

3. 认为你能抵制变化

“唯一不变的就是改变。”抵制变化的行为本身就会导致压力，事实证明，这样做比适应变化还要难。很多人墨守旧习，这往往比接受和适应改变耗费更多的精力。

4. 如果自己徒劳无获，就应当更加努力

徒劳无获的解决方法可能不只是努力，而是要去尝试做一些不同的事情，不能用老办法解决新问题。而如果你现在的策略很有用，就一定要坚持下去。

5. 认为压力越小越好

无论你是在寻找压力较小的工作，还是在现有的工作中逃避责任或拖延任务，从长远意义上讲，你都可能正在伤害自己。压力管理的有效方法不是如何逃避环境中的压力源，而是如何应对你可能面临的压力。

6. 认为承担风险通常是不明智的

很多人都在茫然地等待，直到所有的真相都显露出来再做决定。事实上人们都是根据不充足的信息来做决定的，因为没有人是能够准确预知未来的预言家。

7. 认为只要足够努力，就能控制一切

花费大量的精力试图去控制那些无法控制的事情，这样做会带来挫败感以及长时间的压力体验，因为这是一场永远不可能胜利的战役。如果选择跟随潮流而动而不是抗拒它的话，有时你能够获得控制权。就好比冲浪一样，你需要学习怎样驾驭波浪。

8. 未来变化莫测，令人担忧

变革的加速会导致市场的不确定和工作的不稳定。把大量的精力浪费在担心将来可能出现的变故上会使你无法全身心投入到当前的工作中。

五、管理压力的有效方法

1. 改变认知

当你对外界环境和刺激感觉压力较大时，应学会从不同的角度加以解读，要多从积极的方面进行思考。就像有人说的那样：当你心中装着太阳的时候，每天都是好日子；当你心中装着魔鬼的时候，你会把白天当成黑夜。

2. 倾诉

倾诉是一种简单而有效的减压方法，倾诉的对象可以是老师、同学、朋友、家人等，当你感觉压力很大、难以承受时，可以找可信赖的人去倾诉来缓解压力。

3. 冥想放松

如果你感到压力较大，那么不妨每天利用休息的时间做 10 分钟的冥想放松。在冥想放松的过程中不用过于注重技巧的使用，更多的是去体验放松的感觉。每天坚持 10 分钟，两周之后就可以感受到效果了。

4. 呼吸减压

当你感觉压力较大的时候，可以通过调节呼吸来进行减压。5分钟的深呼吸可以让自己的心跳放慢速度，可以让焦躁的情绪平复下来，可以让自己因压力而颤动、抽搐的肌肉恢复平静。深呼吸过后再去处理工作，这样压力缓解下来了，思路也会变得更加清晰，或许会达到意想不到的工作效果。

5. 运动减压

当你感觉压力较大时也可通过适当的运动来调节压力。动静协调、张弛有度的运动有利于消除疲劳、激发活力、调节大脑功能。适用的运动方式有游泳、慢跑、跳绳、跳操、散步、打乒乓球等。每天安排半小时左右的时间运动，即可轻松减压。此外，还可以通过放松训练、瑜伽、静坐、催眠、想象等方式来进行减压。

心灵绘画

画出压力

▲指导语：放松身心，然后想象自己都面临哪些压力，把你的压力通过画面的形式呈现出来。

▲温馨提示：

1. 画完后给作品命名。
2. 用三个关键词描述压力画面。

▲自我探索：说说你有哪些压力，压力的大小如何。

心理效应

压力效应

有一位经验丰富的老船长，当他的货轮卸货后在浩瀚的大海上返航时，突然遭遇了可怕的风暴。水手们惊慌失措，老船长果断地命令水手们立刻打开货舱，往里面灌水。“船长是不是疯了，往船舱里灌水只会增加船的压力，使船下沉，这不是自寻死路吗？”一个年轻的水手嘟囔。

看着船长严厉的脸色，水手们还是照做了。随着货舱里的水位越升越高，随着船一寸一寸地下沉，依旧猛烈的狂风巨浪对船的威胁却一点一点地减少，货轮渐渐平稳了。

船长望着松了一口气的水手们说：“百万吨的巨轮很少有被打翻的，被打翻的常常是根基轻的小船。船在负重的时候，是最安全的；空船时，则是最危险的。当然这种负重是要根据船的承载能力界定的，适当的压力可以抵挡暴风骤雨的侵袭，但如果是船不能承受之重，它就会如你们担心的那样，消失在海面。”

这就是压力效应。那些得过且过、没有一点压力的人，像风暴中没有载货的船，往往一场人生的狂风巨浪便会把他们打翻。而那些负荷过重的人，虽不会被风浪击倒，但是会沉寂于忙碌的生活中。所以，适当的压力会让你的生活更加精彩。

心理美文

压力是成长的开始

你吃过豆芽菜吗？你自己种过豆芽菜吗？有没有发现，自己种的豆芽菜都是细细长长的，好像营养不良似的。而市场上卖的豆芽菜，肥肥胖胖的，看起来又嫩又脆、很好吃的样子！其实那是有窍门的！

商家在孵豆芽的时候，先把种子撒下去，接着会在上面盖上一层玻璃片之类的重物。当种子要冒出芽来的时候，首先就会碰到这个压力，为了长出芽来，并有力量举起这层重物，种子们好像是商量好一般，有默契地一起喊："一二三，顶；一二三，顶。"于是就长成了肥肥胖胖的豆芽菜！因为它们通过压力的逆境考验，所以反而长得又胖又好！

另一个故事是，日本人很喜欢吃一种鱼，可是这种鱼必须从西伯利亚空运到日本。不知道为什么，每次空运过程中，都会有高达40%的鱼因为飞机摇晃而晕机死亡。为了降低鱼的死亡率，有人提出在水箱中放入鱼类的天敌——螃蟹，这样一来，鱼为了躲避螃蟹的攻击，自然会集中精神、全力戒备以保护自己，不畏外在环境的威胁。结果，这种方式真的奏效了，鱼的死亡率从40%降到5%，态度决定胜负。

从这两个故事中，你学到了什么？环境越严苛，越能激发人的潜能。我们要深信一个观点，那就是观念影响行动，行动造就结果。而观念代表着你对所处环境抱持的态度。你现在对压力抱持什么态度？

第二单元　我是怎样的中职生

任务五　我的自画像

——了解自己的气质类型

模块一　心声坦露

1. 我是一名外表冷峻的男生，但在生活中我发现自己经常会多愁善感、郁郁寡欢，好像林黛玉一样，我到底是怎样的人呢？

2. 老师评价我敏捷好动、学习效率高，但我感觉自己情感易变，情绪经常会写在脸上，因此，我与不少同学都产生过或大或小的矛盾，真的很烦。

我是个怎样的人呢？

3. 从小学到现在，我都是班级出了名的爱玩、爱闹的学生，而且很粗心，性情暴躁，很难控制自己，这些都对我造成了不少困扰，感觉自己都不了解自己。

4. 大家都说我是典型的淑女，安静、沉着、冷静，不易激动，也不发脾气，大家都说很羡慕我，让我分享秘籍，可我也没有特意要这样。

模块二　行动起来

暖身启心智

唱　反　调

▲暖身介绍:手脚口配合游戏,口中说口令,肢体做出与口令相反的动作,手脚相互配合,越来越复杂,考考你的应变能力、反应能力。

▲目标:通过师生互动活跃课堂气氛,引入本课主题。

▲时间:5 分钟。

▲准备:无。

▲操作过程:老师说出一个动作,要求同学们做出与之相反的动作。动作要越来越快、越来越复杂。

体验助成长

●主题体验一　自画像

▲体验介绍:结合自己的实际生活,为自己画一幅自画像,让大家对自己有更深入的了解。

▲目标:通过画自画像以及彼此的交流来认识内在的我。

▲时间:15 分钟。

▲准备:彩色笔和 16 开大小的白纸。

▲操作过程:

(1)发给每位参与者一张 16 开大小的白纸,把彩色笔放于场地中央,供需要者自由取用。

(2)在 8 ~ 10 分钟内,每人在白纸上画一幅自画像。

(3)小组内交流自画像的含义,同组成员可以提出质疑。

(4)主持人找出典型的案例做全班分享。

▲活动场地:以室内为宜。

▲注意事项:

(1)主持人告诉大家,自画像可以是形象的肖像画,也可以是抽象的比喻画;可以由一色笔画成,也可以由多色笔画成。

(2)有的学生会因为自己的绘画技能差而感到为难,主持人要提醒大家本游戏不是绘画比赛,只要求画的内容、形式等可形象地反映对自我的认识。

(3)主持人寻找典型案例时,可以关注自画像的大小、位置、色彩、内容等,还可以关注在画自画像和交流时学生的神情。

●主题体验二　音乐与意象

▲体验介绍:请你聆听音乐,感悟自己的心理状态,了解内在的自己,让我们来体验吧!

▲目标:随着音乐声在眼前呈现出的画面,来思考和感悟自己的心态。

▲时间:15 分钟。

▲准备:催眠音乐。

▲操作过程:

(1)室内保持安静,关灯,拉上窗帘,播放音乐。每个人找一个舒适的座位,以最舒适的姿势坐好。闭上眼睛,调整呼吸,头部、双肩、四肢逐渐放松。

(2)随着音乐声每个人进入一种状态,眼前出现一幅画面……

▲活动场地:室内,能拉上窗帘,周边环境无干扰。

▲注意事项:

(1)音乐的选择是关键,宜选择一些具有空灵感、旋律跌宕起伏、无明显主题的弦乐曲。

(2)环境也很重要,周边没有干扰,室内温度适宜,空气流通,灯光暗淡,座位舒适。

(3)指导语不可忽视,让学生在指导语的引导下,平静地进入状态。

心理加油站:还有一人你没认识

模块三　心理加油站

扫一扫:还有一人你没认识。

模块四　心理知识拓展

心理知识

一、气质的含义

气质是指人典型的、稳定的心理特点,包括心理活动的速度、强度、稳定性和指向性。这些特征的不同组合,便构成了个人的气质形态,它使人的全部心理活动都染上了个性化的色彩,属于人的个性特征之一。气质类型通常分为多血质、胆汁质、黏液质、抑郁质四种。

二、气质的特点

1. 气质的形成具有遗传性特点

儿童在出生的早期,就明显表现出某种气质的特征。美国某研究所对 231 名儿童从婴儿期至青春期进行了追踪研究。结果表明,这些儿童几乎一出世就表现出了气质类型的巨大差异,随着年龄的增长,他们在行为方式上倾向于继续保持这些出生时的特征。这表明遗传因素在儿童早期气质表现中起着很大的作用。

具有相同遗传生理特性的同卵双生子比异卵双生子在气质特性上的相似性大得多,也说明儿童的气质受遗传因素及母体内环境的影响较大。这是儿童气质形成的最初基础。因此,在儿童的气质形成上,先天因素起着主导作用。

在儿童生长发育的过程中,随着神经系统的成熟及环境和教育的影响,气质特点可以逐渐发展变化。

2. 气质具有稳定性与可塑性的特点

气质类型是由神经过程的特点决定的,遗传素质相同或相近的人,气质类型也比较接近。一个人的气质类型在一生中是相对稳定的,但又非不能改变。如果在童年时期生活环境恶劣,或在成年期遭遇重大生活事件,可导致人的气质的显著变化。但是这种变化过程是缓慢的。

3. 气质无优劣好坏之分

气质仅使人的行为带有某种动力的特征，每种气质类型都有其积极的一面，也都有其消极的一面，并非哪一种特别好、哪一种特别不好。

三、人的四种气质类型

古希腊医生希波克拉底很早就观察到人有不同的气质，他认为人体内有四种体液：血液、黏液、黄胆汁和黑胆汁。希波克拉底根据人体内的这四种体液的不同配合比例，将人的气质划分为四种不同类型。

1. 胆汁质（急躁型）

胆汁质的人神经活动强烈且不平衡，脾气急躁，情绪和行动发生迅速、强烈。为人热情、直爽，精力充沛；意志力坚强，不怕挫折，勇敢果断，但易冲动，心境变化剧烈。工作热情高，表现得雷厉风行、顽强有力。

2. 多血质（活泼型）

多血质的人神经活动强烈且平衡，灵活性强，情绪发生迅速且容易改变。为人活泼好动，热情敏感，性格外向，喜与人交往；但忍耐力和毅力较差，兴趣广而不持久，注意力易转移。工作适应力强，交际广泛，但也容易见异思迁而显得轻浮。

3. 黏液质（安静型）

黏液质的人神经活动强烈且平衡，灵活性弱。这种人情绪比较稳定，兴奋性低，变化缓慢，内向、喜欢沉思；思维和言行稳定而迟缓，冷静而踏实；对工作考虑得细致周到，不折不扣，坚定地执行自己已经做出的决定，往往对已经习惯了的工作表现出高度热情，而不容易适应新的工作和环境。

4. 抑郁质（迟缓型）

抑郁质的人神经活动较弱，易抑制。这种人情绪体验深刻，不易外露；对事物有较高的敏感性，能体察到一般人所觉察不到的东西，观察事物细致；行动缓慢、多愁善感，也易于消沉，干工作常常显得信心不足，缺乏果断性；交往面较窄，常常有孤独感。

四、气质类型与社会适应能力

环境是在不断变化的，遇到变化的环境，能否自如应对，这是对一个人适应环境能力的检验。一般来说，多血质的人机智灵敏，容易用很巧妙的办法应对环境的变化；黏液质的人常用克己忍耐的方法应对环境变化，也能达到目的；胆汁质的人脾气暴躁，在不顺心的时候容易产生攻击行为，造成不良的后果；抑郁质的人过于敏感，比较脆弱，容易受到伤害，感受到挫折。后两种类型的同学在适应环境的能力上需要更多的指导和帮助。

五、气质类型与职业发展

一般来说，气质类型对人的特长和发展方向确实有一定的影响。如果选择了合适的职业或专业，会感到工作得心应手，对工作容易建立浓厚的兴趣和高自我价值感。如果选择或从事的职业或专业与其气质类型不相适宜，非但难于有所建树，还可能带来烦恼，影响其信心和工作效率。

六、气质类型的培养

1. 沉稳

(1) 不要随便显露你的情绪。

(2)不要逢人就诉说你的困难和遭遇。
(3)在征询别人的意见之前,自己先思考,但不要先讲。
(4)不要一有机会就唠叨你的不满。
(5)在做重要的决定之前尽量与别人商量,并最好隔一段时间再决定。
(6)讲话时不要慌张,要有条理。

2. 细心

(1)对身边发生的事情,常思考它们的来龙去脉。
(2)对做不到位的执行问题,要发掘它们的根本症结。
(3)对习以为常的做事方法,要有改进或优化的建议。
(4)做什么事情都要养成有条不紊和井然有序的习惯。
(5)发现别人看不出来的毛病或弊端。
(6)能随时随地改进自身的不足之处。

3. 胆识

(1)不要常用缺乏自信的词句。
(2)不要常常反悔,轻易推翻已经做过的决定。
(3)在众人争执不休时,不要没有主见。
(4)整体氛围低落时,你要乐观、阳光。
(5)做任何事情都要用心,仔细认真。
(6)事情不顺的时候,要学会重新整理思路,寻找新的突破口,就算要结束也要干净利落。

4. 大度

(1)不要刻意把有可能是伙伴的人变成对手。
(2)对别人的小过失、小错误不要斤斤计较。
(3)不贪图蝇头小利,乐善好施。
(4)不要产生权力的傲慢和知识的偏见。
(5)任何成果和成就都应和别人分享。
(6)必须有人牺牲或奉献的时候,自己要勇于承担。

需要指出的是,气质不决定一个人活动的社会价值和成就的高低,因为在同一领域做出杰出成就的人,有各种气质类型的代表。心理学家经过分析认为,普希金属胆汁质,赫尔岑属多血质,克雷洛夫属黏液质,果戈理属抑郁质,他们都成了大文豪。各种气质的人都可以成为高尚的人,都可以成为某一领域人才的杰出代表。

心灵绘画

画“五项图”

▲指导语:请画一棵果树、一座房子、一本书、自己,还有另一个人。

▲温馨提示:

1. 这不是美术作业,也不是绘画比赛,而是展示个人心目中的真实想法。
2. 画中只要有这五项内容就可以,顺序没有限制,也可根据需要增减一些内容。

3. 这幅画只要自己满意就行，不要管别人喜欢与否。

心理效应

“酸葡萄”心理和“甜柠檬”心理

“酸葡萄”心理是指自己努力去做而得不到的东西就说是酸的、不好的，这种方法可以缓解我们的一些压力。比如：别人有一样好东西，我没有，我很想要，但实际上我不可能得到。这时不妨利用“酸葡萄”心理，在心中努力找到那样东西不好的地方，说那样东西的“坏话”，克服自己不合理的需求。

“甜柠檬”心理就是认为自己的柠檬就是甜的，“甜柠檬”是指自己所有而摆脱不掉的东西就是好的，要学会接纳自己。每个人都有自己的优点，都有自己的优势，每个人也都有自己的特点，千万不要轻易说自己这不好、那不如人，不妨试试“甜柠檬”心理，学会接纳自己，逐渐增强自信。

心理美文

小橡树的烦恼

在一个美丽的花园里长满了各种各样的树木和花草，在这个园子里，苹果树、橡树、玫瑰花、栀子花，每一棵树、每一朵花都是那么挺拔娇艳，充满着生机和活力。

可是，在这之前的一段时间里，花园里的情形却不是这样，有一棵小橡树总是愁容满面。可怜的小家伙一直被一个问题困扰着，它不知道自己是谁。大家众说纷纭，更让它困惑不已。苹果树认为它不够专心：“如果你真的尽力了，一定会结出美丽的苹果。”小橡树听了它的话，心想，我已经很努力了，而且比你们想象的还要努力，可就是结不出苹果。想着想着，它越发伤心。玫瑰说：“别听它的，开出玫瑰花来才更容易，你看多漂亮。”失望的小橡树看着娇嫩欲滴的玫瑰花，也想和它一样，但是它越想和别人一样，就越觉得自己失败。

一天，鸟中的智者雕来到了花园，看到小橡树在一旁闷闷不乐，便上前打听。听了小橡树的困惑后，它说：“你的问题并不严重，地球上许多人面临着同样的问题。我来告诉你怎么办。你不要把生命浪费在去变成别人希望你成为的样子上，你就是你自己，你永远无法变成别人，更没有必要变成别人的样子，你要试着了解你自己，做你自己，聆听自己内心的声音。”说完，雕就飞走了，留下小橡树独自思考。

小橡树自言自语道：“做我自己，了解我自己，聆听自己内心的声音？”突然，小橡树茅塞顿开，它闭上眼睛，敞开心扉，终于听到了自己内心的声音：“你永远都结不出苹果，因为你不是苹果树；你也不会每年春天都开花，因为你不是玫瑰。你是一棵橡树，你的命运就是要长得高大挺拔，给鸟儿们栖息，给游人们遮阳，创造美丽的环境。你有你的使命，去完成它吧！”小橡树顿时觉得浑身上下充满了自信和力量，它开始为实现自己的目标而努力，很快它就长成了一棵大橡树，赢得了大家的尊重。

任务六　学会爱自己

——中职生如何接纳自己

模块一　心声坦露

模块二　行动起来

暖身启心智

手　指　操

▲暖身介绍：大家跟随指令伸出食指做手指操，锻炼手和脑的配合，会让你感觉很开心、很刺激，大家一起来参与吧！

▲目标:锻炼手指的灵活性,愉悦身心,活跃气氛。

▲时间:3 分钟。

▲准备:无。

▲操作过程:伸出自己的食指,按照视频的示范动作来完成相应的动作,并且配合手指的动作说:“做早操嘿,做早操嘿,大家一起做早操嘿!”

▲示范教学:扫描二维码,观看暖身体验示范视频。

暖身体验:手指操

体验助成长

●主题体验一 寻找变化

▲体验介绍:通过寻找自己的变化来认识自己、发现自己、喜欢自己、悦纳自己。

▲目标:通过比较自己的成长变化来发现自己的潜能。

▲时间:15 分钟。

▲准备:无。

▲操作过程:

(1)请按要求完成下面的句子,尽可能多地从不同的角度思考,填写的内容要围绕你身上发生的变化来写。

与儿时的我相比,现在的我____。

与儿时的我相比,现在的我____。

与儿时的我相比,现在的我____。

与儿时的我相比,现在的我____。

与儿时的我相比,现在的我____。

与儿时的我相比,现在的我____。

与儿时的我相比,现在的我____。

与儿时的我相比,现在的我____。

(2)填写完后与小组其他人分享,并向大家阐述自己对这些变化的感受。

(3)小组完成分享后,请从生理、心理等方面汇总大家的变化,找一找相同的变化有哪些,不同的变化有哪些,以及这些变化说明了什么。

(4)请大家一起讨论,针对这些变化,我们还可以做哪些改进,从而使自己变得更好?

▲注意事项:在进行比较时也可以询问他人的情况。

●主题体验二 优点“轰炸”

▲体验介绍:借助他人的描述了解自己的优势,爱自己,接纳自己,挖掘自己的潜能。

▲目标:通过彼此的优点“轰炸”,了解他人眼中的自己,同时找回自信,挖掘自己的潜能,正确认识自己。

“轰炸”结束后,老师引导大家讨论以下问题。

(1)当你听到别人说出你的优点时,你的感受如何?

(2)以前你是否发现自己原来竟有如此多的优点?

(3)除此方法外,还有哪些认识自己潜能的方法?

▲时间:15 分钟。

▲准备:无。

▲操作过程：

(1)每6人一个小组，以小组长为例，其他组员轮流说出组长的一个优点，不能重复。

(2)待组长接受“轰炸”完毕后，组员依次分别接受“轰炸”。

▲注意事项：小组成员发言要有秩序，不发言的成员要认真听别人发言。在别人讲述你的优点时，只需要听，不必表示感谢，也不可因为别人叙述不够准确而做出不应有的行为。

模块三　心理加油站

扫一扫：接受自己。

心理加油站：接受自己

模块四　心理知识拓展

心理知识

一、自我接纳的含义

自我接纳是个体对自身以及自身所具有的特征所持的一种积极态度，即能欣然接受现实生活中的自己，不因自身的优点而骄傲，也不因自己的缺点而自卑，在充分认识自身的优点和缺点的同时完全接受自己。根据学者的研究，自我接纳的意识和能量是由低到高逐步发展的，通常包括三方面：接纳自己的身体，接纳自己的外部行为，接纳自己的内在品质。

二、中职生如何做到接纳自己

1. 正确看待自己的不足

中职阶段是学生身心不断发育的时期，由于多种因素的影响，可能会存在各种各样的不足，有的同学便因此拒绝接受自己。当他人问自己有什么优点时，有的同学会说“我没什么优点”，这也是不接纳自己的表现。一个人如果能够接纳自己的不足，意味着他能够意识到自身存在的局限性，这样他就不会跟自己作对，不会把大量的时间浪费在自责上，而是会集中精力去挖掘自身的优势。

2. 正确对待自己的负面情绪

每个人都会有负面情绪。中职生由于受年龄、学识、环境等多方面因素的影响，容易产生沮丧、嫉妒、焦虑、愤怒等负面情绪。当出现负面情绪的时候，有的人会否定它、拒绝接纳它，希望负面情绪立即消失，其实这些都是抗拒负面情绪的表现。中职生要学会接纳自己的负面情绪，因为它是我们生命中合理的部分之一。人类基本的负面情绪，如愤怒、悲痛等，自有人类以来，就伴随着人类的存在而存在。它能够保护我们，提醒我们对周围的环境有所反应。恐惧能让我们对处境保持警觉，愤怒能够让我们增强勇气，悲伤能让我们理解生命的意义。所以，不要惧怕负面情绪，要学会接纳负面情绪，然后想办法消除负面情绪。

3. 无条件地接纳自己

无条件地接纳是心理咨询“人本主义”理论中非常重要的一点，它强调咨询师应该对来访者无条件地积极接纳。其实，在生活中，我们每个人都应该无条件地、积极地接纳自己。绝大多数中职生从小受到种种条件的限制，比如父母、学校的严格管束，因此他们以为只有具备某些条件，比如优异的学习成绩、漂亮的外表、过人的技能等，才能获得被自己和他人接纳的资格。于是很多中职生背上沉重的包袱，逐渐习惯用挑剔的目光看待自己，因而无法接纳自己。不管我们的外表如何——美丽、平凡甚至丑陋，不管我们的能力如何——过人、平庸还是低人一等，不管我们的性格如何——被人喜欢、不被人喜欢，这些都是我们自身所具有的，构成了独特的“我”。每个人都应无条件地接纳自己。

三、中职生自我接纳的意义

每个人都是独特的，各有长处和短处。中职生要学会欣赏自己的长处、接纳自己的短处，做一个真实的自我。中职生做到接纳自我有什么重要意义呢？

1. 自我接纳能够停止与自己对立

“停止与自己对立”是指停止对自己的不满和批判。不论自认为做了多少不适当的事、有多少不足，从现在起，都应停止对自己的挑剔和责备，站在自己这一边，维护自己生命的尊严和价值。

2. 自我接纳能够停止苛求自己

“停止苛求自己”就是允许自己犯错误，但在犯错误后要做到：一是做出补偿，以弥补自己的错误造成的损失；二是事不过二，即同样的错误不犯两遍。

3. 自我接纳能够远离自卑

自卑即自我评价过低，看不到自己的价值，过于担心失去他人尊重的一种心理状态。自卑是不能正确认识自己、不能完全接纳自己的一种表现。自卑常以消极、防御的形式表现出来，如嫉妒、羞愧、孤僻等。自卑还使人变得十分敏感，经不起任何刺激。自卑就像一片乌云，笼罩在一些中职生的心头，使他们时常处于孤独、压抑、羞愧的状态之中。自卑心理强烈的中职生会处处怀疑自己的能力，办事缺乏信心，严重地影响学习、人际交往及日常生活，甚至会做出令人意外的破坏性行为。

4. 自我接纳能够建立自信

自信心的产生主要源于对自我的完全接纳和对自我的正确评价。一个不接纳自我的人很难建立自信，会经常否定自己；相反，接纳自己可以逐步建立自信，从而走向成功。心理学研究表明，一个人的自信心与其成功的概率成正比。只有对自己的目标、能力有足够的自信，才能够不惧失败、不畏艰险、不怕挫折，坚定不移地向着光明的未来不懈努力。只有完全地接纳自己，相信自己必胜，才能产生强大的精神动力，迸发出前所未有的激情，为获得最终的成功排除一切障碍。

四、中职生应如何接纳他人

一个人仅仅能够接纳自己是不够的。个人和社会要想进入良性循环，就需要与他人合作，而一个不能接纳他人的人，是无法与他人友好合作的。其实，真正接纳自己的人也会接纳他人，而无法接纳他人的人通常都不能接纳自己。

接纳他人的方式有很多，最主要的方式有以下几种。

1. 倾听

与人交往时能不加评论地、认真而又耐心地倾听他人的诉说。

2. 尊重

与人交往时，首先应做到尊重对方。

3. 主动

假如你想与人交往，一定要主动，让对方首先感受到你的友好与诚意。

4. 欣赏

能够发现他人的优点并且适时表达对他人优点的欣赏。每个人都愿意与欣赏自己的人交往，真诚地表达欣赏是迅速进入他人视野的捷径。

心灵绘画

画动物集锦图

▲指导语：这是一幅创意画，将三种动物的特征合并成一种动物。

▲温馨提示：

1. 举例：比如麒麟，它是古代传说中的一种神兽，形体像鹿，头上有角，身有麟甲，尾巴像牛尾。

2. 画完后给该动物命名。

3. 最后用三个关键词描述该动物。

▲自我探索：通过这幅画你对自己有哪些新的发现和认识？

心理效应

自我效能感效应

自我效能感效应，这一概念是美国著名心理学家班杜拉提出的，指个体对自己是否有能力完成某一行为所进行的推测与判断。班杜拉对自我效能感的定义如下：自我效能感是指人们对自身能否利用所拥有的技能去完成某项工作的自信程度。影响自我效能感的因素有以下几个：①成败经验。一般而言，成功的经验能提高个人的自我效能感，多次的失败会降低自我效能感；②替代性经验。人们通过观察他人的行为而获得的间接经验会对自我效能感产生重要影响；③言语劝说。言语劝说的价值取决于它是否切合实际；④情绪反应和生理状态。个体在面临某项活动任务时的激动情绪通常会妨碍行为的表现而降低自我效能感；⑤情境条件。不同的环境提供给人们的信息是大不一样的，某些情境比其他情境更难以适应和控制。自我效能感影响或决定人们对行为的选择，以及对该行为的坚持和努力程度；同时还会影响人们的思维模式和情感反应模式，进而影响新行为的习得和习得行为的表现。

心理美文

爱自己的宣言

我从今天开始，学习接受自己的无限可能与局限性，学习肯定与欣赏自己。我完全了解只有当我无条件地肯定与欣赏自己的时候，我才会生活得踏实、快乐。虽然我对自己的某些部分仍然不明白，但我会学习无条件地接受我的一切，包括我的原生家庭、成长环境与外在条件、我的念头、我的盼望、我的软弱与我的勇气，因为我知道这样才是爱自己。我不会轻易批判自己，相反地，我会肯定自己曾经付出的努力，以及从经验中学习对我有用的东西。

从现在开始，我能够和我的每一部分友善地相处，因为我知道我的每一部分都是善良的。我爱自己的美，也爱自己的不完美。我知道我被宇宙神圣的爱保护着，充满了安全感。我愿意成长，并为我的生活负责；我愿意接受生活带给我的种种磨炼，并且创造一种我想要的生活。我是值得被爱的。

我承诺我会爱自己、接受自己、赞同自己和欣赏自己，不论在我的生命中出现什么风雨，我都会勇往直前。我承诺会一直努力，为自己及身边的人创造和谐与幸福的生活。我知道我是值得被爱的。

从今天开始，我带着爱自己的祝福，尽自己所能去帮助别人。我带着爱自己的心愿，去实现梦想。我深信所有发生在我生命中的事，都有它的意义，不挣扎、不期待、不害怕，只是接受一切的发生，让它来，随它去。

任务七　价值拍卖
——认识自己的需求

模块一　心声坦露

1. 最近一段时间，看到好几位同学都买了名牌手机、名牌鞋，我也挺羡慕的，也想拥有，可是家里没钱，感觉自己的需求没能满足，好难受。

2. 在上小学的时候，在小饭桌吃饭有过一次食物中毒的经历，现在经常担心吃饭时出现问题，很没有安全感。

我的一切都很匮乏!

3. 爸爸妈妈在城里打工，我从小就是一名留守儿童，现在一年也跟他们见不了几面，对亲情感觉匮乏。

4. 我不知道自己人生中最重要的东西是什么，我也想不明白我以后到底喜欢做什么、喜欢交什么类型的朋友，一切都是未知的。

模块二　行动起来

暖身启心智

萝　卜　蹲

▲暖身介绍:请同学们以小组为单位,听口令轮流做蹲起,让大家蹲起速度越来越快。

▲目标:活跃课堂气氛,提升学生注意力。

▲时间:5 分钟。

▲准备:无。

▲操作过程:全体同学平均分为四个小组,分别命名为萝卜组、白菜组、花生组和菠菜组,老师的口令为“萝卜蹲,萝卜蹲,萝卜蹲完××蹲”即萝卜组先蹲,××组再蹲,依此类推。

▲示范教学:扫描二维码,观看暖身体验示范视频。

暖身体验:萝卜蹲

体验助成长

●主题体验一　价值拍卖

▲体验介绍:帮助你认清自己的人生态度,了解自己目前的内在需求。

▲目标:激发学生对自己价值观念的思考,认识自己的需求,树立正确的人生观、价值观。

▲时间:20 分钟。

▲准备:足够的道具钱,不同颜色的硬纸板,拍卖槌。

▲操作过程:

(1)将拍卖的东西事先写在硬纸板上(最好是不同的颜色),以增强拍卖的趣味性及方便拍卖的进行。

(2)宣布游戏规则:每个学生手中有 5000 元(道具钱),它代表了一个人一生的时间和精力。每个人可以根据自己对人生的理解随意竞拍下面的东西。每样东西都有底价,每次出价都以 500 元为单位,价高者得到东西,有出价 5000 元的,立即成交。

①爱情 500 元
②友情 500 元
③健康 1000 元
④美貌 500 元
⑤礼貌 1000 元
⑥名望 500 元
⑦自由 500 元
⑧爱心 500 元
⑨权力 1000 元
⑩拥有自己的图书馆 1000 元
⑪聪明 1000 元
⑫金钱 1000 元
⑬欢乐 500 元
⑭长命百岁 500 元
⑮豪宅名车 500 元
⑯每天都能吃美食 500 元
⑰良心 1000 元
⑱孝心 1000 元
⑲诚信 1000 元
⑳智慧 1000 元
㉑名牌大学录取通知书 500 元
㉒冒险精神 1000 元

(3)举行拍卖会:由老师或学生主持拍卖。按游戏方式进行,直到所有的东西都拍卖完为止，然后请学生认真考虑买回来的东西。

(4)讨论交流：

1)你是否后悔你买到的东西？为什么？

2)在拍卖的过程中，你的心情如何？

3)有没有同学什么都没有买？为什么不买？

4)你是否后悔自己刚才争取的东西太少？

5)争取过来的东西是否是你最想要的？

6)钱是否一定会带来快乐？

7)有没有一种东西比金钱更重要或能比金钱带来更大的满足感呢？

8)你是否甘愿为了金钱、名望而放弃一切呢？有没有比上面所说的这些更值得追寻的东西呢？

▲注意事项：

(1)在拍卖过程中，要注意维持纪律，不能太乱，否则活动就难以达到预期的效果。

(2)不要重复使用自己手中的代币券，主持人应注意提醒学生购买所付出的钱不能超过5000元。

●主题体验二　目标搜索

▲体验介绍：让你学会认识自己需求的同时树立目标意识，让目标引领你的行为。

▲目标：认清并明确你自己近期的需求，懂得分清主次。

▲时间：15分钟。

▲准备：每人一张白纸、一支笔。

▲操作过程：

(1)请同学们在纸上写出你近期内要完成的五件重要的事情，可以是学习、交友、旅游、练字、买衣服、读完某一本书或参加某方面活动等。

(2)假如你现在面临特殊情况，必须在五件事中去掉两件，体验一下你现在的心情。你会去掉哪两件？

(3)现在又有特殊情况发生，你必须再去掉一件，你的心情又是如何的呢？你又会去掉哪一件呢？现在还要再去掉一件，你又会做出怎样的决定呢？

(4)最后只剩下一件事了，这就是近期你最想做的、对你来说最重要的一件大事，这就是你当前最大的内在需求。

(5)和大家谈一谈你最后留下的是什么。

▲注意事项：

(1)想要实现的目标应该是跳一跳就够得着、可以实现的，而不是高不可攀的，如完成一项计划或在现在的基础上学习进步等。

(2)实现目标要有期限。给自己的目标制订一个明确的时间范围，比如短期目标可以以一个星期、一个月为期限，中期目标可以以半个学期或一个学期为期限等。

心理加油站：你就是自己的圣人

模块三　心理加油站

扫一扫：你就是自己的圣人。

模块四 心理知识拓展

心理知识

一、需求的含义

需求是指人体组织系统中的一种缺乏、不平衡的状态,需求一般具有对象性、阶段性、社会制约性和独特性等特征。人类个体需求的产生,受到诸多因素的影响,主要包括生理状态、情境和认知水平等因素。根据不同标准,需求可以划分为不同种类。马斯洛的需求层次理论是关于需求的代表性理论,对教育、教学有很多启示。

二、需要的特征

1. 对象性

人的需求不是空洞的,而是有目的、有对象的,而且随着需求对象的扩大而发展。人的需求的对象既包括物质的东西,如衣、食、住、行,也包括精神的东西,如信仰、知识、艺术、体育;既包括个人生活和活动,如个人日常的物质和精神方面的活动,也包括参与社会生活和活动以及这些活动的结果。各种需求彼此之间的区别在于需求对象的不同。但无论是物质需求还是精神需求,都必须有一定的外部物质条件才能满足。

2. 阶段性

人的需求是随着年龄、时期的不同而发展变化的,也就是说个体在发展的不同时期,需求的特点也不同。例如,婴幼儿主要是生理需求,即需要吃、喝、睡;少年时代开始发展到对知识、安全的需求;到青年时期又发展到对恋爱、婚姻的需求;到中年时,又发展到对名誉、地位、尊重的需求等。

3. 社会制约性

人不仅有先天的生理需求,而且在社会实践中、在接受人类文化教育的过程中,还发展出许多社会需求。这些社会需求不仅受时代、历史的影响,还受阶级性的影响。在经济落后、生活水平低下的时期,人们需要的是温饱;在经济快速发展、生活水平较高的时期,人们需要的不仅是丰裕的物质生活,同时也开始对高雅的精神生活产生需求。

4. 独特性

人与人之间的需求既有共同性,又有独特性。由于生理因素、遗传因素、环境因素、个人条件因素的不同,每个人的需求都有自己的独特性。年龄不同的人、身体条件不同的人、社会地位不同的人、经济条件不同的人,都会在物质和精神方面有不同的需求。

三、马斯洛需求层次理论

马斯洛的需求层次理论是行为科学的理论之一,由美国心理学家亚伯拉罕·马斯洛于1943年提出。马斯洛将人类的需求像阶梯一样从低到高按层次分为五种,分别是:生理需求、安全需求、社会交往需求、尊重需求和自我实现需求。

(1)生理需求是指为维持生命所必需的各种需求,包括衣、食、住、行及阳光、空气、水等维持人的生理过程的基本需求。当人们的生理需求没有得到满足时,生理需求是驱使人们进行各种行为的强大动力。只有当人们的生理需求得到满足以后,更高层次的需求才能产生。

(2)安全需求是指人们在社会生活中要求得到各方面的安全,生活环境具有一定的稳定性、有一定的法律秩序,所处的环境中没有混乱、恐吓、焦虑等不安全因素。

(3)社会交往需求是指在人们的生理需求和安全需求得到一定程度的满足后，人们会很自然地产生社会交往的需求。给他人以帮助并得到来自社会的关心与温暖，是人们正常生活中不可缺少的组成部分。在这种需求的驱使下，人们会主动地交朋友，寻找喜欢自己的人和自己所爱的人。

(4)尊重需求是指在人们的生理需求与其他心理需求得到满足之后，要求受到尊重并获得荣誉、地位、威望的高级需求。此时，人们需要他人承认自己的实力、成就，得到个人的荣誉和威信。

(5)自我实现需求，是最高级的需求层次，即实现自我价值和发挥自我潜在能力的需求。在这种需求的驱使下，人们会尽最大的力量发挥自我的潜能，实现个人目标，将自己的价值付诸行动。

心灵绘画

画出内在需求

▲指导语：请静下心来，感受自己的内在需求，将自己的渴望和需求通过画面的形式呈现出来。

▲温馨提示：

1. 画完后给作品命名。
2. 这幅画给自己带来哪些启示？
3. 写一段话来描述这幅画。

心理效应

狄德罗效应

狄德罗效应是由18世纪法国哲学家丹尼斯·狄德罗发现的，狄德罗效应是指在没有得到某种东西时，心理状态很平稳，而一旦得到了却不满足。

18世纪，法国有个哲学家叫丹尼斯·狄德罗。有一天，朋友送他一件质地精良、做工考究的睡袍，狄德罗非常喜欢。可他穿着华贵的睡袍在书房走来走去时，总觉得家具不是破旧不堪，就是风格不对，地毯的针脚也粗得吓人。于是，为了与睡袍配套，旧的东西先后更新，书房终于跟上了睡袍的档次，可他却觉得很不舒服，因为“自己居然被一件睡袍胁迫了”。事后，他就把这种感觉写成一篇文章叫《与旧睡袍别离之后的烦恼》。两百年后，美国哈佛大学经济学家朱丽叶·施罗尔在《过度消费的美国人》一书中，提出了一个新概念——“狄德罗效应”，也称“配套效应”，专指人们在拥有了一件新的物品后，不断配置与其相适应的物品，以达到心理上平衡的现象。

心理美文

赞美的力量

前两年有个词语很流行——夸夸群，指的是在一个微信群里，只要求夸，就能收到各种样式的夸赞。

比如，一位学生不小心把红酒洒在了书包上，在夸夸群里便有人夸道："背着弥漫着红酒味的书包，你就是整条街最醉人的仔！"

夸夸群的出现正是证明了每个人渴望被赞美的心情，但是这种夸奖追根究底只是一种很随意的奉承。赞美应该是真情实感、发自肺腑的。而奉承是漫不经心，是敷衍了事，是会惹人生厌的虚情假意。真挚的赞美需要我们学着去欣赏他人，欣赏某一种品性，对某一类人或事心向往之，长此以往，自己也会获益匪浅，收获志同道合的友人。

《增广贤文》里面有这样一句话：良言一句三冬暖，恶语伤人六月寒。你给出的欣赏与赞美，在未来的某一天一定也会得到温柔的回应。不吝啬对别人的赞美，心向阳光，自己也会闪闪发亮。

任务八　背后留言
——从他人的角度看自己

模块一　心声坦露

模块二 行动起来

暖身启心智

Seven Up

▲暖身介绍：这是一个报数游戏，遇到与7相关的数字时不可报出数字，站起拍手即可。同学们，一起来报数吧！

▲目标：增进学生的注意力与记忆力，活跃学生的身心，激发大家的兴奋点。

▲时间：5分钟。

▲准备：无。

▲操作过程：

(1)将学员分组进行竞赛。

(2)采用横排轮流进行的方式，每一位同学在轮到自己时坐着说出自己的数字，但在数字含有7(7、17、27……)或是数字为7的倍数时(7、14、21、28……)，该位同学必须站起拍手，且不可说出此数字。

(3)进行比赛，持续5分钟，并奖励优胜组。

体验助成长

● **主题体验一** 背后留言

▲体验介绍：在班级生活中，你想对哪位同学说点什么，但是不好当面评价，就在背后留言吧！

▲目标：通过他人的评价来整合和完善自我认识。

▲时间：大约20分钟。

▲准备：16开白纸每人一张，别针若干，背景音乐。

▲操作过程：

(1)每个人一张16开白纸，在纸的最上面一行写下自己的姓名和想对留言者说的一句话，大家相互帮助，用别针把纸固定到自己的后背上；接下来大家在同学后背上写下想对他(她)说的话。

(2)10分钟之后大家停下，再次围坐在一起，拆开背后的纸条，看看同学们对自己的评价。

(3)团体分享"背后留言"。

1)同学因什么而欣赏你？因什么而不欣赏你？对别人给予的评价你认同吗？

2)哪些评价让你感到新颖、好笑而又确实符合自己？

3)你有没有看到自己潜在优势或特长，可能你从未注意，而在别人的眼中是那么明显？

4)你对自己有了哪些新的认识？

▲注意事项：在留言过程中，同学们不能说话，要用非语言形式进行交流。

● **主题体验二** 你看我像什么？

▲体验介绍：你想知道别人是如何评价你的吗？那就请你快去问问他吧！

▲目标:通过别人对自己的有趣评价来正确看待别人眼中的自己。

▲时间:15 分钟。

▲准备:每人一张白纸。

▲操作过程:

(1)每位同学在班级里随机找到 7 位同学,分别问他们:"你看我像什么?为什么?"

(2)这 7 位同学回答像什么都可以,但要说明原因。

(3)每位同学将有关自己的 7 个答案记录在 7 张小卡片上。

(4)活动结束后,需讨论交流以下问题:

1)哪些回答让你感到新鲜、好笑又适合自己?

2)从别人的回答中,你对自己有了哪些新的认识?

3)从这个游戏中,你还获得了哪些新的启发?

▲注意事项:你的回答要给别人一个可以信服的理由,同时也不要伤害他人的自尊。

模块三　心理加油站

扫一扫:放飞梦想。

心理加油站:放飞梦想

模块四　心理知识拓展

心理知识

一、约哈里之窗

社会心理学家约瑟夫·鲁夫特和哈里顿·英格拉姆于 20 世纪 50 年代创立了人际交往中的约哈里窗户理论,从理论上揭示了诚恳待人、心胸坦荡在人际交往中的重要性。他们提出了一个在人际交往中介绍自己和相互了解的模型。在此模型中,约瑟夫和哈里顿两人将人的自我表露比喻为一扇大的窗户,即所谓的约哈里之窗。

1. 约哈里窗户理论的四个区域

该理论根据人们在人际交往中存在的相互了解程度,将人的全部自我信息划分为四个区域:开放区域、盲目区域、秘密区域和未知区域。

开放区域:代表人际交往中彼此都了解,即自己知道、别人也知道的那部分信息,属于共享信息。如彼此的姓名、性别、年龄等。

盲目区域:代表他人知道而自己不知道的信息。如自己的一些习惯性动作、情感表露、认知误差等。

秘密区域:代表自己知道而他人不知道的信息。如自己的一些内心感受、情感秘密、生活隐私等。

未知区域:代表自己不知道、他人也不知道的信息。如一些潜在特质、创造能力等。

2. 自我暴露的四个层次

心理学家指出,良好的人际关系是在自我暴露逐渐增加的过程中发展和建立起来的。随着我们跟他人的交往逐步增多,信任感和亲密感程度提高,交往双方就会越来越多地暴露自己。自我暴露分为四个层次,人际交往由低水平的信任和自我暴露开始,双方交往的程度越深,感情越好、越亲密,自我暴露的层次也就越高。

第一层次：关于情趣喜好方面，如兴趣爱好、生活习惯等。

第二层次：关于态度方面，如对政府的看法，对某人、某机构的态度或看法等。

第三层次：关于自我意识和个人的人际关系状况，如自己的社会关系情况，自己的情绪，与家人、朋友的关系等。

第四层次：关于隐私方面，如自己的不为人知的秘密，不被社会所接受的一些态度、想法和行为等。

在美国心理学家西迪尼·朱亚德看来，自我暴露不仅能拉近双方的心理距离，还能增加彼此的喜欢度。但是值得注意的是，在社会的人际交往中并不是自我暴露越多越好，而应讲究一个度。

二、约哈里窗户理论的启示

约哈里窗户理论主要是教我们如何发现盲点、开发潜能。即：个人——挖掘自我盲点，突破思维局限，使个人潜能得以开启；工作——发挥领导才能，勇气、自信倍增，提升自我价值；家庭及社交——善于聆听，沟通无阻，增进感情。

三、约哈里窗户理论的应用

对于约哈里窗户理论，在我们的社会生活中只要能够运用得当，就能在社会人际交往中受益多多。

1. 扩大自我信息的开放区，适度自我暴露，充分展示个人魅力

自我信息的开放区是指每个人都有自己了解、别人也了解的关于自我的信息。我们在进行人际交往的过程中，通过自我暴露将自我信息开放，有助于自己和交往的他人更深入地了解自己。在自我暴露的过程中，太少的暴露不利于和他人建立起亲密关系，但相反，太多的暴露则会被看作难以与人相处，可能被认为是唯我论的自我中心主义。因而，我们应该适时、适当地进行自我暴露。

2. 注意倾听，缩小自我盲区

约哈里窗户理论认为每个人都存在着自我认知上的盲区。因此，为了不断完善自我，让我们能够在人际交往中成为一个成功者，我们必须虚心向他人请教自己的不足或者自己看不到的方面，不断反思与改进。在社会人际交往中，多采用倾听与换位思考等方式来最大限度地缩小自我盲区，这样我们才能够更好地与他人进行社会交往。

心灵绘画

画别人眼中的你

▲指导语：请画出你认为你在重要的人眼中的个人形象，请不要画火柴人或动漫人。

▲温馨提示：

1. 这不是美术作业，也不是绘画比赛，而是画出个人心目中的真实想法。
2. 重要的人可以是父母，也可以是朋友，还可以是老师或同学等。
3. 这幅画只要自己满意就行，不要管别人喜欢与否。

心理效应

苏东坡效应

“不识庐山真面目，只缘身在此山中”是苏东坡的著名诗句，意为明明就站在这座山中，却偏偏不识其真面目；明明自己就拥有“自我”，却偏偏不自悟，或者仅是个模模糊糊的认识。社会心理学家将这种人们难以正确认识“自我”的心理现象称为“苏东坡效应”。

苏东坡效应有三大启示：①人最大的劣势是不能客观地认识自己，要么过分自卑，要么过分自傲。要想彻底改变，提升自己的竞争力，唯有客观地认识自己，认清自己的优势和不足，激发进取的信心，从而不断改变这些不良的现状；②通过别人来充分认识自己，“认识自我”一直是萦绕在人们心头的一个难题，老子说“知人者智，自知者明”，这充分表明认识自己是多么重要。然而认识自我并非单纯靠自己，有时候借助别人来认识自己，往往更为客观、公正；③最好的听众是自己，请与自己“对话”。想要认识自己，就要与自己进行良好的对话。这种对话是内心深处的拷问和反省，是自己思想斗争的根本形式，通过对话分辨是非，从而不断完善自己。

心理美文

欣赏别人，自己也成为风景

当才华还撑不起你的野心的时候，就应该静下心来学习；当能力还驾驭不了你的目标时，就应该沉下心来历练。梦想，不是浮躁，而是沉淀和积累。只有拼出来的美丽，没有等出来的辉煌。

机会永远留给最渴望的那个人，学会与内心深处的你对话，问问自己，想要怎样的人生，静心学习，耐心沉淀。

人，来到这世上，总会有许多的不如意，也会有许多的不公平；会有许多的失落，也会有许多的羡慕。你羡慕我的自由，我羡慕你的约束；你羡慕我的车，我羡慕你的房；你羡慕我的工作，我羡慕你每天总有休息时间。

或许，我们都是远视眼，总是活在对别人的仰视里；或许，我们都是近视眼，往往忽略了身边的幸福。事实上，大千世界，不会有两张一模一样的面孔，只要你仔细观察，总会有细微的差别。

同是走兽，兔子娇小而青牛高大；同是飞禽，雄鹰高飞而紫燕低回。人，总会有智力、运气的差别；总会受环境、现实的约束；总会有人在你切一盘水果时，秒杀一道数学题；总会有人在你熟睡时，回想一天的得失；总会有人比你跑得快……参差不齐，才构成了这世界上一道道亮丽的风景。

卞之琳说：“你站在桥上看风景，看风景的人在楼上看你。”

是的，走在生活的风雨旅程中，当你羡慕别人住着高楼大厦时，也许瑟缩在墙角的人，正羡慕你有一座可以遮风的草屋；当你羡慕别人坐在豪华车里，而失意于自己在地上行走时，也许躺在病床上的人，正羡慕你还可以自由行走……

有很多时候，我们往往不知道，自己在欣赏别人的时候，自己也成了别人眼中的风景。

第三单元　时间都去哪了

任务九　一分钟的价值

——巧用时间，制订科学的学习计划

模块一　心声坦露

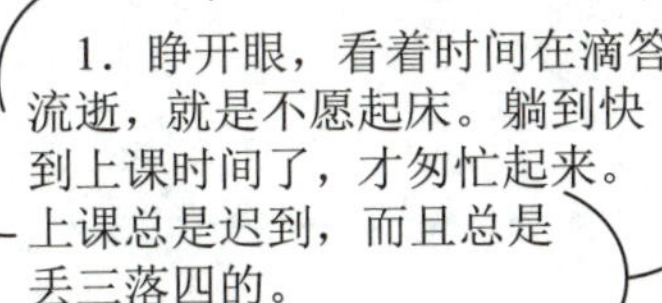

1．睁开眼，看着时间在滴答流逝，就是不愿起床。躺到快到上课时间了，才匆忙起来。上课总是迟到，而且总是丢三落四的。

2．晚上，看着一堆作业就是不想写，一会儿吃点东西，一会儿玩会儿游戏，一会儿看会儿小说，最后想写作业的时候，一看时间太晚了，又要熬夜了！

3．每次和朋友出去总是起大早赶晚集，要不就是一天下来，想做的事没完成几件，好像时间永远都不够用。

4．快考试了，突然发现自己什么都不会，只得临时抱佛脚，真不知道自己每一天是怎么过的！

模块二　行动起来

暖身启心智

子　曰

▲暖身介绍：大家一起做一些规定好的动作，指令者说“子曰”之后，再说一个动作，大

家照做；如果指令者没有说“子曰”，不做动作，做动作的人被淘汰，暂时不能继续参加游戏。目的是考察大家的注意力。

▲目标：通过活动让你的注意力更加集中，释放激情。

▲时间：5 分钟。

▲准备：无。

▲操作过程：

(1)第一次指令，指令者说“子曰，全班站起”，等待全班站起后再进入下一个步骤。

(2)第二次指令，“坐下”，这时坐下的同学被淘汰。

(3)第三次指令，“子曰，右手抓左耳”，这时没用右手抓左耳的同学被淘汰。

(4)第四次指令，“子曰，左手摸头”，这时左手没摸头的同学被淘汰。

(5)第五次指令，“双手放下”，这时双手放下的同学被淘汰。

▲示范教学：扫描二维码，观看暖身体验示范视频。

暖身体验：子曰

体验助成长

●主题体验一　一分钟时间有多长？

▲体验介绍：让你体验一分钟时间的长短，和自己原有的对一分钟的感觉做对比，让我们来体验吧！

▲目标：让你体验关注微不足道的一分钟的感觉。

▲时间：3 分钟。

▲准备：无。

▲操作过程：

(1)使用计时器，计时一分钟，体验一分钟的时间。

(2)用简短的语言描述一分钟的感受。

▲注意事项：如果使用电子设备建议使用倒计时功能，如果使用钟表要可以直观地观察表盘一周的时间轨迹，以便增强对时间的感受。

●主题体验二　一分钟的价值

▲体验介绍：古人说，“一寸光阴一寸金，寸金难买寸光阴”，时间的确很宝贵。下面请你和同伴比一比，一分钟到底能做多少事，到底有没有价值。

▲目标：通过体验和数据正确认识一分钟的价值。

▲时间：10 分钟。

▲准备：每人准备一张纸和一支笔。

▲操作过程：

(1)一分钟能写或者打多少字？

(2)一分钟能阅读多少字？

(3)一分钟能走多少米？

(4)一分钟可以看多少个广告？

(5)一分钟光能运行多少千米？

（6）如果计算机一秒钟能运行500万次，那么一分钟可运行多少次？

（7）一分钟对于冲锋陷阵的战士意味着什么？

（8）一分钟对于手术台上的病人又意味着什么？

（9）刘翔参加110米栏比赛，12秒88的成绩，用了一分钟的几分之一的时间？

（10）每天6节课，如果每节课浪费一分钟，一学期按16周计算，3年下来会浪费多少分钟？

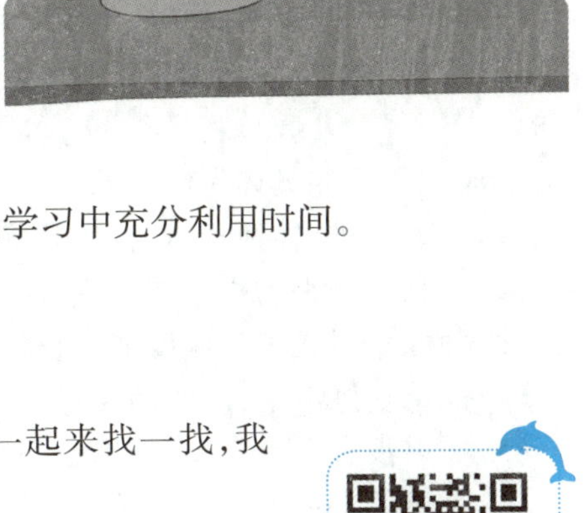

▲注意事项：无。

●主题体验三　我为时间订计划

▲体验介绍：有多少一分钟悄悄从我们身边溜走了？和朋友一起讨论并找出珍惜时间的方法。

▲目标：找出珍惜时间的方法，并在今后的生活、学习中充分利用时间。

▲时间：17分钟。

▲准备：每人准备一张纸和一支笔。

▲操作过程：

（1）我们自己有没有浪费时间的现象？让我们一起来找一找，我们的时间浪费在哪里了。

（2）制订计划，做时间的主人。

▲注意事项：无。

模块三　心理加油站

扫一扫：三余读书。

心理加油站：三余读书

模块四　心理知识拓展

心理知识

一、时间管理的含义

时间管理是指通过事先规划并运用一定的技巧、方法与工具，实现对时间的灵活以及有效运用，从而实现个人或组织的既定目标。简而言之，就是能够平衡时间需求。

二、时间管理的理论发展

时间管理的理论发展经历了以下几个阶段：

1. 第一代理论

第一代理论着重利用便条与备忘录，在忙碌中调配时间与精力。

2. 第二代理论

第二代理论强调日历与日程表的应用，反映出时间管理已注意到规划未来的重要性。

3. 第三代理论

第三代理论是目前正流行、讲求优先顺序的观念。它依据轻重缓急设定短、中、长期目标，再逐日制订实现目标的计划，将有限的时间、精力加以分配，争取最高的效率。

4. 第四代理论

与以往截然不同的是，第四代理论从根本上否定了“时间管理”这个名词，主张关键不在于时间管理，而在于个人管理。

三、时间管理能力的表现与做法

1. 时间管理能力的表现

(1)详细周到地考虑学习或工作计划，确定实现工作目标的具体手段和方法，明确目标的进程及步骤。

(2)善于将一些任务分派和授权给他人来完成，提高工作效率。

(3)制订学习或工作计划，将事务整理归类，并根据轻重缓急来进行安排和处理。

(4)为计划提供预留时间，掌握一定的应付意外事件或干扰的方法和技巧，准备应变计划。

2. 时间管理的具体做法

(1)每天安排出时间计划日程和优先事项。

(2)能利用经手的作业或文件进行学习或工作。

(3)确保学习或工作速度能与目标或最后期限步调一致。

(4)保持良好情绪，即使面对意料之外的需求也能如此。

(5)如果没有适宜时间，能迅速而坚定地要求非正式拜访者以后再来。

(6)每天留出一定时间给顺便拜访的人。

四、时间管理的 11 条金律

1. 要和你的价值观相吻合

一定要确立个人的价值观，假如价值观不明确，就很难知道什么对自己最重要。当价值观不明确时，时间一定分配不好。时间管理的重点不在于管理时间，而在于如何分配时间。一个人永远没有时间做每件事，但永远有时间做对自己来说最重要的事。

2. 设立明确的目标

成功等于目标达成，时间管理的目的是让一个人在最短时间内实现更多想要实现的目标。我们可以列出 4 ~ 10 个目标，找出一个核心目标，并按重要性依次排列，然后依照目标设定一些详细的计划，并依此执行。

3. 改变你的想法

美国心理学家威廉·詹姆士通过对时间行为学的研究发现两种对待时间的态度：“这件工作必须完成，它实在讨厌，所以我能拖便尽量拖”和“这不是件令人愉快的工作，但必须完成，所以我得马上动手，好让自己能早些摆脱它”。因此，你要转变对时间的态度，遇到问题要迎难而上，早日解决。

4. 分清轻重缓急

生活中肯定会有一些突发和迫不及待要解决的问题，如果你发现自己天天都在处理这些事情，那表示你的时间管理并不理想。成功者花最多时间在做最重要的事情上，而不是最紧急的事情上，然而一般人都是做紧急但不重要的事。

5. 安排“不被干扰”时间

每天至少要有半小时到一小时的“不被干扰”时间。假如你能有一小时完全不受任何人干扰，把自己关在自己的空间里面思考或者工作，这一小时可以抵过你一天的工作效率，甚至有时候这一小时比你工作三天的效果还要好。

6. 严格规定完成期限

帕金森在其所著的《帕金森法则》中写下这样一段话："你有多少时间完成工作，工作就会自动变成需要那么多时间。"如果你有一整天的时间可以做某项工作，你就会花一天的时间去做它；而如果你只有一小时的时间可以做这项工作，你就会更迅速有效地在一小时内做完它。

7. 做好时间日志

你花了多少时间在做哪些事情，把它详细地记录下来，如早上出门花了多少时间、搭车花了多少时间、出去拜访客户花了多少时间……把每天花的时间一一记录下来，你会清晰地发现浪费了哪些时间。

8. 理解时间大于金钱

用你的金钱去换取别人的成功经验，一定要抓住一切机会向顶尖人士学习。认真选择你接触的对象，因为这会节省你很多时间。假设与一个成功者在一起，他花了 40 年时间成功，你跟 10 个这样的人交往，你就浓缩了 400 年的经验。

9. 学会列清单

把自己要做的每一件事情都写下来，这样做首先能让你随时都明确自己手头上的任务。不要轻信自己可以把每件事情都记住，而当你看到长长的清单时，便会产生紧迫感。

10. 同一类事情最好一次把它做完

假如你在做纸上作业，那段时间都做纸上作业；假如你是在思考，用一段时间只进行思考；打电话的话，最好把电话累积到某一时间一次性打完。当你重复做一件事情时，你会熟能生巧，效率一定会提高。

11. 做最有效率的事情

思考一下要做好一份工作，哪几件事情对提高工作效率影响较大，罗列出来，合理分配时间将其做好。

心灵绘画

画小时候的自己

▲指导语：请闭上眼睛，想象一下小时候自己的样子，头脑中呈现什么画面就画出什么。

▲温馨提示：

1. 想一想那时多大、在哪里、跟谁在一起等。
2. 画完后给作品命名。
3. 用三个关键词描述该作品。

心理效应

多米诺骨牌效应

19 世纪，一位名叫多米诺的意大利传教士把我国宋朝民间称为"牌九"的骨牌带回了米兰。作为最珍贵的礼物，他把骨牌送给了小女儿。多米诺为了让更多的人玩上骨牌，制作了大量的木制骨牌，并发明了各种玩法。不久，木制骨牌就迅速在意大利及整个欧洲传播开来，骨牌游戏成了欧洲人的一项高雅运动。后来，人们为了感谢多米诺给他们带来这么好的一项运动，就把这种骨牌游戏命名为“多米诺”。

从那以后，“多米诺”成为一种流行用语。在一个相互联系的系统中，一个很小的力量能够引起察觉不到的渐变，但是它所引发的却可能是翻天覆地的变化。这有点类似于蝴蝶效应，但是比蝴蝶效应更注重过程的发展与变化。

心理美文

错过的公交车

冬日的夜晚，我拎着大包小包的商品走在城市热闹的街头，心里想着要赶上到乡下的最后一班公交车，步子不知不觉就大了起来，步伐也比往常快了许多。沿着熟悉的街道，寻找赶到车站的最短路线，我三步并作两步往前飞奔。

我按照自己既定的路线继续往前赶，拐过一个路口就来到了灯火通明的大街上，一抬头看见自己要坐的那班公交车正在驶来，可我离车站还有 100 多米的距离。我没有丝毫的迟疑，拔腿就跑，顾不上注意路边行人看我的目光。公交车飞快地从我眼前驶过，然后在我前方的车站缓缓停下，我气喘吁吁地往前飞奔。可就在我离驶向温暖小窝的那辆车只有十几步之遥时，那辆公交车摇摇晃晃地上路了，把我一个人抛弃在寂静、寒冷的马路上。

我眼睁睁地看着能够把我带回家的那辆车在我的面前越开越远，直到看不到它的身影，我才垂下头无奈地站在车站。平时感觉不到时间的价值，而在这一刻，一分钟的价值却如此重要。提前一分钟，我就可以坐在温暖的车厢里安安心心地等着公交车把我送回家；迟到一分钟，我就一个人孤零零地站在无人的车站，无奈地看着公交车在我眼前离去。我心里懊恼着，已经过去的太多的细节中都可以挤出一分钟甚至更多的时间，只要刚才在小弄堂里不走得那么从容，提前几分钟跑起来；只要在购物过程中不遗忘那两个包，不要在二楼上拐一个弯；只要挑选商品的时候不再左看看、右瞧瞧；只要我早一点下定决心，不再纠结到底买哪双鞋子；只要我吃那碗饭的时候不贪恋最后的几口汤……我就可以赶上那最后一班车了。可我就是没有把握住那些瞬间，所以伴随我的也就只有无奈和后悔了。

看着灯火通明且喧闹的城市的夜，我知道自己的温暖依然还在远方。站在路边拦下一辆出租车，花了 35 元让司机把我送回了家。在这个夜晚，一分钟的价值就是 35 元，有些时候，它的价值会更高、更无法计算啊！

任务十 撕思人生

——珍惜时间，管理好自己的时间

模块一 心声坦露

1. 有的同学参加篮球队和社团，有的同学加入学生会，还有的同学加入技能小组，他们过得都很充实，只有我每天不知道做什么，每天都感觉时间很漫长。

2. 我今年16岁，如果我能活到80岁，现在生命才过了五分之一，还有那么长的时间呢！一切都可以慢慢来，不着急！

每天沉溺在游戏中！

3. 我特别想积极上进，安排了很多事情给自己，可是晚上躺在床上想想好像什么都没有做，日子一天天地重复，真没意思。

4. 我有详细的时间计划，可是每次到头来都发现计划没有用，到底怎样才能做一份实用的计划呢？

模块二 行动起来

暖身启心智

球球大作战

▲暖身介绍：大家可以在团队中找到和自己身高、体重相似的任何一个人猜拳，输的人变成赢的人的随从。赢家再去找比自己更高更重的人猜拳，以此类推，成员之间彼此接龙，最后会形成一条长龙。

▲目标：该活动带有竞争性质，可充分调动大家的积极性，同时活动中身体接触能减少彼此的陌生感。

▲时间：5 分钟。

▲准备：无。

▲操作过程：

（1）全体成员先围成圈站立，指令者下指令："游戏开始。"

（2）大家可以去团队中找到和自己身高、体重相似的任何一个人猜拳。

（3）输了的人站到赢家身后，双手搭在其肩上跟随赢家，而赢家有资格再出去找比自己更高、更重的人猜拳。

（4）以此类推，大家之间彼此接龙，最后会重新形成一个人搭一个人的大圆圈。

暖身体验：球球大作战

▲示范教学：扫描二维码，观看暖身体验示范视频。

体验助成长

●主题体验一　人体时钟

▲体验介绍：体验钟表上的时间点，感受时间的流动。

▲目标：珍惜时间，时间就在我们身边悄悄溜走，思考我们该如何管理它、利用它。

▲时间：5 分钟。

▲准备：无。

▲操作过程：

（1）请你和另外两个同伴一起用手臂分别扮演时钟的秒针、分针和时针，站成一纵列。

（2）指挥者任意说出一个时刻，比如现在是 3 时 45 分 15 秒，三个扮演者迅速将代表指针的手臂指向正确的位置。

▲注意事项：扮演者背向白板或墙壁，看不到时钟模型。

●主题体验二　手撕人生

▲体验介绍：除去每天必做的事情，你知道在有限的时间内你能安排的时间还有多少吗？将长长的纸条比作人生，一次次地撕掉每天必须消耗的时间，最后的结果和你想的一样吗？

▲目标：引导学生对时间概念形成直接、感性的认识。

▲时间：5 分钟。

▲准备：1 厘米宽、80 厘米长的纸条，格尺。

▲操作过程：

（1）仔细观察你手中的纸条，测量其长度。

（2）现在你手上的长纸条代表你长长的一生，1 厘米代表 1 年。假如你可以活 80 岁，假设你 60 岁退休，所以请撕去 20 厘米；现在已过去了 16 年（你的年龄），所以请撕去 16 厘米；假如你 28 岁结婚，我们来体会一下成家之前这段精力旺盛、充满活力的青春时光，所以请把 28～60 岁的时间撕去；现在剩下的就是 17～27 岁的 10 年时间，现在再撕去睡觉、吃饭的时间，剩下的这一张短短的纸，就代表了你在17～27岁这段时间里的学习、工作和娱乐的时间。

(3)看着现在手上的小纸片，你有怎样的感觉？刚才的撕纸人生游戏中，给你感触最深的是哪个环节？为什么？

(4)拿出笔，在这张小纸片上画出，你想如何安排你年轻时的黄金时段，学习占多少比重，工作占多少比重，娱乐又占多少比重。和你的朋友分享交流，可以获得更多的感悟与提升。

▲注意事项：无。

●主题体验三　时间管理饼图

▲体验介绍：请认真画出时间饼图，看看你的时间分配是否合理。

▲目标：启发思考如何合理安排自己的时间。

▲时间：15分钟。

▲准备：印有圆形图案的白纸。

▲操作过程：

(1)仔细观察你手中印有时间圆形图案的白纸，想一想，假如这个圆表示一天的时间，当然也可以是一周，你将怎样进行时间管理，如何分配？

(2)请各位同学画出时间管理饼图，画完后进行交流。圆形分割可以用线条也可以用彩笔来完成，并涂出色块。

(3)你的时间安排合理吗？还可以怎样改进？

▲注意事项：画完饼图后要重视交流分享。

模块三　心理加油站

扫一扫：假如今天是我生命中最后的一天。

心理加油站：假如今天是我生命中最后的一天

模块四　心理知识拓展

心理知识

一、时间管理的新概念——GTD

GTD是"Getting Things Done"的缩写，意思是把需要做的事情处理好，是一种管理时间的方法。GTD的核心理念是必须记录下来要做的事，然后整理安排并使自己一一去执行。

GTD的具体做法可以分成收集、整理、组织、回顾与行动五个步骤。

1. 收集

收集就是将你能够想到的所有未尽事宜统统罗列出来，放入各种实物的文件夹或者篮子里，也可以放入记录各种事项的纸张中。

2. 整理

未尽事项放入文件夹或篮子里之后，就需要定期或不定期地进行整理或清空。然后将这些未尽事项按是否可以付诸行动进行区分整理，对于不能付诸行动的内容，可以进一步分为参考资料、日后可能需要处理的资料以及垃圾几类。而对可行动的内容再考虑是否可在两分钟内完成，如果可以则立即行动完成它；如果不行，则对下一步行动进行组织。

3. 组织

组织是GTD中最核心的步骤，主要分成对参考资料的组织与对下一步行动的组织。

4. 回顾

回顾也是 GTD 中的一个重要步骤，一般需要每周进行回顾与检查，通过回顾及检查所有清单并进行更新，可以确保 GTD 系统的运作顺畅，而且在回顾的同时可能还需要做未来一周的工作计划。

5. 行动

根据时间的多少、精力情况以及重要性来选择清单上的事项来行动。

二、6 点优先工作制

这一方法要求把每天所要做的事情按重要性排序，分别从“1”到“6”标出 6 件最重要的事情。每天一开始，先全力以赴做好标号为“1”的事情，直到它被完成或被完全准备好，然后再全力以赴地做标号为“2”的事情，以此类推。

一般情况下，如果一个人每天都能全力以赴地完成 6 件最重要的事情，那么他一定是一位高效率人士。

三、帕累托法则和时间管理的四象限

帕累托法则是由 19 世纪意大利经济学家帕累托在研究财富和收益模式时偶然发现的。在调查取样中，他发现大部分的财富流向了少数人，社会上 20% 的人占有 80% 的社会财富，财富在人口中的分配是不平衡的。扩展开来就是生活中 80% 的结果几乎源于 20% 的活动。因此，将注意力放在 20% 的关键事情上，基本上就可以解决 80% 的问题。

与此相关的，美国管理学家科维提出了时间管理的四象限法，即把要做的事情分清轻重缓急，进行如图 3-1 所示的排序。

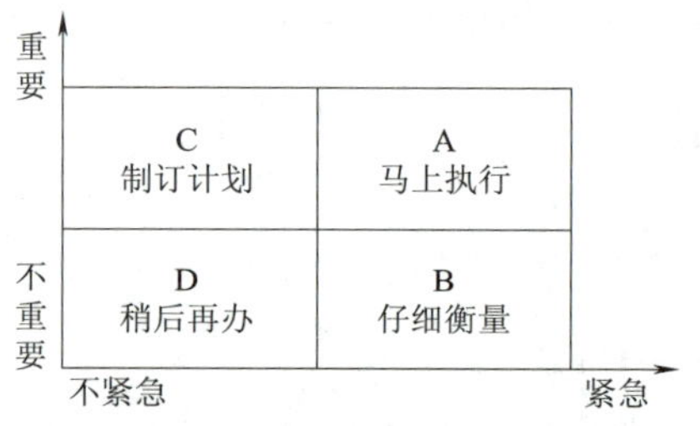

图 3-1　时间管理的四象限图

A. 重要且紧急（比如救火、抢险等）——必须立刻做。

B. 紧急但不重要（比如有人突然打电话请你吃饭等）——在优先考虑了重要的事情后，再来考虑这类事。人们常犯的毛病是把“紧急”当成优先原则。其实，许多看似很紧急的事，拖一拖，甚至不办，也无关大局。

C. 重要但不紧急（比如学习、做计划、与人谈心、体检等）——只要是没有前一类事的压力，应该当成紧急的事去做，而不是拖延。

D. 既不紧急也不重要（比如娱乐、消遣等）——尽量少做或不做。

四、莫法特休息法

莫法特休息法，即连续分段时间管理法，是一种时间法则，用于区别各种工作时间的性质。

莫法特发现：人的脑力和体力需要不断地调节，如果每隔一段时间就变换不同的工作内容，就会产生新的优势兴奋灶，而原来的兴奋灶则得到抑制，这样人的脑力和体力就可以得到有效的调节和放松。

莫法特休息法主要有以下五种类型的工作模式。

1. 按抽象与形象来分配时间

我们可以按研究的不同材料去分配时间，缓和大脑的疲劳程度，调节我们的思维和注意力。

2. 按研究问题的不同角度分配时间

即使是不更换研究对象，只改变研究角度，从不同侧面分析问题，同样会引起大脑新的兴奋点，达到提高工作效率的目的。如我们读枯燥的长篇巨著，往往读不下去，可以先从中间最有趣的地方读起，甚至跳着读、倒着读，最后再读开头。

3. 按动静交替分配时间

我们用一个姿势坐着读书、写作或绘图，时间久了容易感到疲劳，这时我们可以改变读书的姿态、变换读书的地点。

4. 按体力与脑力交替分配时间

我们平时可以把紧张的研究、学习与体育锻炼交互进行。当我们集中精力研究问题感到疲劳时，可以放下手头的工作，到户外散散步、打打太极拳，或到公园慢跑十来分钟。经常进行这些户外的有氧运动，不仅可以增强我们的体质，对提高工作效率也大有好处。

5. 按工作和娱乐休闲交替分配时间

我们为赶任务，可以短时间废寝忘食地进行工作，但不可能终年日日夜夜这样拼命。俗话说"骤雨不终日，飙风不终朝""一张一弛，文武之道"。我们的工作、学习，必须有张有弛，才能持之以恒，坚持下去。

心灵绘画

画时间圆饼图

▲指导语：请画一个大圆，将大圆分成 24 等份，代表一天 24 小时，每一份代表 1 小时，用不同颜色标识出一天 24 小时做的事情。

▲温馨提示：

1. 通过画圆饼图看看一天 24 小时都做了哪些事情。
2. 你对你一天时间的利用率满意吗？
3. 哪些方面还需要改进？

心理效应

半途效应

半途效应是指在激励过程中达到中点时，由于心理因素及环境因素的交互作用而导致的对于目标行为的一种负面影响。大量的事实表明，人的目标行为的中止期多发生在"半途"附近，人的目标行为过程的中点附近是一个极其敏感和极其脆弱的活跃区域。导致半途效应的原因主要有两个：一是目标选择的合理性，目标选择得越不合理越容易出现半途效应；二是个人的意志力，意志力越弱的人越容易出现半途效应。这就要求我们平时多注意学习各方面的知识，培养多方面的能力，同时多注意进行意志力的磨炼。行为学家提出了“大目标、小步子”的方法，对于防止半途效应的发生具有积极的意义。

心理美文

在有限的时间内，做无限的事情

在时间面前，每个人都是措手不及的，想伸手抓住时间，却看不到时间走过的痕迹，人在时间面前，总是显得无能为力。人们常说，时间犹如大海里的水一样，川流不息地流着。孔子也曾说过：“逝者如斯夫，不舍昼夜。”

早在远古时候，古人已经对时间表示无能为力，想抓却抓不住。但与其抱怨时间流逝，何不趁着拥有的时候去珍惜，做更多有意义的事情呢？

一天 24 小时，有的人会觉得时间为何这么长，但有的人却会觉得时间不够用，这完全取决于当时的你在做什么事情。

10 年前在一起的小伙伴们，10 年后再次相聚，你会发现，有些人还是平凡无奇，有些人却在某一领域小有成就。从极大的反差可以看出，每一个人对时间的支配都是不一样的。那么，在拥有时间的时候，你在做什么类型的事情呢？

无须抱怨时间流逝，只要在拥有的时候好好珍惜，做你想做的事情，当人生走过了几载后，回头看看曾经走过的路和那一步一个深深的脚印，都是时间的印证。

第四单元　我的情绪我做主

任务十一　我也有情绪

——走进情绪

模块一　心声坦露

1. 最近同学和我开玩笑，趁我不注意，他把气球放到我椅子上了，我一坐，“嘭”的一声，吓得我心直跳，晚上还做恶梦。

2. 我考试没考好，父母总提醒我要好好学习，我要烦死了，我就生气地跟他们说：“我考得差极了，别提学习行不！”现在，我冷静下来了，后悔对他们发火，他们一定很伤心。

经常有情绪，正常吗？

3. 我、小明、小刚，我们三个是最好的朋友，可是最近她们做什么都不带我，我都不知道为什么，怎么才能像以前一样呢？

4. 我生日的时候，姐姐送了我最喜欢的小狗，我真是开心极了！

模块二　行动起来

暖身启心智

幸福拍手歌

▲暖身介绍：配合歌曲《幸福拍手歌》，齐声唱歌，手和脚根据歌词做动作，考考你的反应能力，让你身心愉悦，调动起积极性。

▲目标：通过暖身活动让你的身体活跃、心情愉悦。

▲时间：5 分钟。

▲准备：多媒体设备（计算机、投影仪、音响等），《幸福拍手歌》伴奏音频及其歌词。

▲操作过程：

（1）全体成员站立并围成一圈。

（2）播放伴奏乐曲，文娱委员领唱《幸福拍手歌》。

（3）其他同学在文娱委员的带领下，大声齐唱，并做出相应的肢体动作。

暖身体验：幸福拍手歌

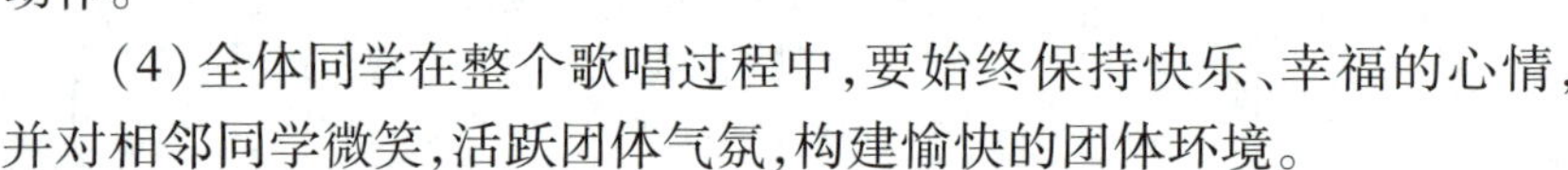

（4）全体同学在整个歌唱过程中，要始终保持快乐、幸福的心情，并对相邻同学微笑，活跃团体气氛，构建愉快的团体环境。

▲示范教学：扫描二维码，观看暖身体验示范视频。

体验助成长

●主题体验一　我演你猜

▲体验介绍：通过表演，体验不同情绪带来的内心感受，让我们来体验吧！

▲目标：让你了解情绪的类型，观察自己和他人的情绪表现，探索情绪的表达方式。

▲时间：22 分钟。

▲准备：

（1）“情绪卡片”28 张，上写喜、怒、哀、惧、爱、恶（厌恶）、惊等主要情绪类型的词语。如喜，写上满足、开心、兴奋、狂喜；怒，写上生气、烦躁、敌意、暴怒；哀，写上忧伤、沮丧、大哭、绝望；惧，写上紧张、警觉、慌乱、恐惧；爱，写上友善、亲密、宠爱、痴恋；恶，写上蔑视、讥讽、排斥、憎恨；惊，写上惊奇、震惊、诡异、惊吓。将卡片分为 4 组，每组都包含 7 种不同情绪。

（2）主持人准备计时工具。

▲操作过程：

（1）组织 30 人左右，7～8 人一组，每组都围成圈，且每组选出一名同学做主持人。

（2）老师向各组主持人发一组情绪卡（含 7 种不同情绪）。

（3）主持人指定一名同学为起点，随机在情绪卡中取出一张，根据卡上的词语用表情、动作、故事、填词等方法表演，其他同学猜词语。以此类推，开展活动。

（4）如果猜词语的时长超过一分钟，主持人可以提醒，或揭露谜底。

▲注意事项：

（1）表演时不能说出词语中的字。

(2)猜谜时遵守秩序,按照时间要求进行。

●主题体验二 放松冥想:情绪觉察

▲体验介绍:伴随音乐,闭眼回想近来发生某件事时,自己的情绪、行为、生理反应,让我们一起来体验一下吧!

▲目标:觉察自身的情绪,体会情绪对身体、行为的影响,感受情绪的作用。

▲时间:5 分钟

▲准备:

(1)指定引导者一名,可以是老师,也可以是同学,要求具备朗读能力。

(2)放松音乐。

(3)情绪觉察记录表、笔各 30 份左右。

▲操作过程:

(1)引导者说:“请你轻轻地闭上眼睛进行体验活动。”

(2)引导者伴随音乐,宣读引导文:“请你找到最舒服的姿势坐好,放松肌肉,均匀呼吸。回想最近一段时间里发生在自己身上印象深刻的一件事情是什么。”(此刻停顿一段时间,让学生回想一会)然后接着说:“当时你在处理这件事情的时候有哪些情绪?”(此刻停顿一段时间,让学生回想一会)然后接着说:“当时你做了哪些事情、有哪些行为、身体有哪些反应?”(此刻停顿一段时间,让学生回想一会)

(3)向每个人发放一张情绪觉察记录表,完成如下问题。

事件描述:________;当时我的情绪体验:________;当时我的行为:________;当时我的身体感觉:________。

每当我高兴时,我感觉________;每当我心情糟糕时,我感觉________。我认为________这些情绪会让我快乐起来。

(4)每组抽取一张情绪觉察记录表,组内同学交流。

▲注意事项:

(1)请你在放松冥想的过程中保持安静。

(2)如实填写情绪觉察记录表。

模块三 心理加油站

扫一扫:可怜的骆驼。

心理加油站:可怜的骆驼

模块四 心理知识拓展

心理知识

一、情绪

情绪是客观事物是否符合人的需要、愿望、观点而产生的体验,是人的需要得到满足与否的反映。当客观事物或情境符合主体的需要和愿望时,就能引起积极的、肯定的情绪和情感,如喜、爱等;当客观事物或情境不符合主体的需要和愿望时,就会产生消极、否定的情绪和情感,如怒、悲、惧等。

二、情绪的组成要素

心理学家伊扎德指出，情绪由每个人独特的主观体验、外部表现和生理唤醒三个要素构成的。

1. 主观体验

主观体验是个人对不同情绪和情感状态的自我感受，就是说喜、怒、哀、惧等每一种情绪都给人带来不同的感受。

同一事物在不同的情境中会使人产生不同的感受，即使相同的情境，由于每个人的知识、经验、需要、追求的目标、认知评价等各方面的差异，也会产生不同的情绪。例如，同样是考试得了 90 分，有的同学觉得自己发挥非常好，可能会兴奋不已；但有的同学觉得 90 分比以往分数虽然提高了一点，但其他人分数提高得更多，可能会因此懊恼。

2. 外部表现

情绪具有独特的外部表现形式，即表情。表情是表达情绪状态的身体各部分的动作变化模式，是一种独具特色的情绪语言，它以有形的方式体现出情绪的主观体验，成为人际间感情交流和相互理解的工具之一。表情主要包括面部表情、姿势表情、语调表情。

面部表情是以面部肌肉活动为主的情绪表达方式，如愁眉苦脸、眉飞色舞、眉目传情等，都是人们在情绪活动状态时的面部表现。

姿势表情是以身体动作为主的情绪表达方式，如高兴时的手舞足蹈、前仰后合、载歌载舞；紧张时的手足无措、坐立不安；惊恐时的双肩紧缩、瑟瑟发抖；愤怒时的咬牙切齿、捶胸顿足；喜欢时的拍手叫好、深情拥抱；厌恶时的摇头否定、摆手拒绝。

语调表情是以语气、语调变化为主的情绪表达方式。例如，爽朗的笑声、痛苦的呻吟、紧张时尖锐而急促的声音；平静时平缓而沉着的语音；悲痛时悲切、深沉而惋惜的语调。

3. 生理唤醒

情绪产生时必然伴随着显著的生理变化，这种现象叫作生理唤醒。它涉及一系列生理活动过程，如神经系统、循环系统、内外分泌系统等活动，这些生理活动使得我们产生独特的情绪体验。20 世纪 80 年代，艾克曼等研究人员让被试者用面部肌肉来表达愉快、发怒、惊奇、恐惧、悲伤或厌恶等情绪，同时给他们一面镜子以辅助他们确定自己面部表情的模式，要求他们把每一种表情保持 10 秒，并对他们的生理反应情况进行测量。结果表明，各种面部表情的生理反应存在明显差异。例如，保持发怒的表情时，被试者的皮肤温度会上升；保持恐惧的表情时，被试者的皮肤温度则会下降。

三、情绪的类型

根据情绪的表现形式，情绪分为喜、怒、哀、惧、爱、恶、惊七情。

根据情绪的内容，情绪分为基本情绪和复合情绪。伊扎德用因素分析的方法提出人类的基本情绪有 11 种，即：兴趣、惊奇、痛苦、厌恶、愉快、愤怒、恐惧、悲伤、害羞、轻蔑和内疚。复合情绪则是由基本情绪的不同组合派生出来的。例如，焦虑由恐惧、内疚、痛苦、愤怒组成；抑郁由恐惧、害羞、内疚、痛苦、厌恶、愤怒、轻蔑组成。

根据情绪的强度、速度、持续时间和外部表现的不同，情绪可分为心境、激情、应激。心境是指人比较平静而持久的情绪状态，例如喜者见之则喜，忧者见之则忧。激情是一种强烈的、爆发性的、为时短促的情绪状态，例如范进中举后的狂喜。应激是指人对某种意外的环境刺激所做出的适应性反应。例如，飞机在飞行中，发动机突然出现故障，驾驶员会迅速与地面联系着陆。

四、情绪与情感的关系

情绪与情感的关系分为心理层次关系和心理品性关系。

从心理层次看，情绪的心理层次低一些，是先天的，与生理需要相联系，如在饥饿时吃饱了会感动、高兴；情感则与人的社会性需要相联系，属于高级心理现象，如当人的理想或愿望（考试成绩优异）实现时，会产生成就感。

从心理品性看，情绪一般不稳定，有明显的冲动性、暂时性、外显性，如大怒；情感则较稳定，可能影响人的一生，并具有持久性、内隐性，如热爱祖国。

五、情绪、情感的功能

1. 适应功能

情绪和情感是人生存、发展和适应环境的重要手段，也就是服务于改善人的生存和生活条件。婴儿通过情绪反应与成人交流，以便得到成人的抚爱；成人也要通过情绪表现来反映他的处境是好还是坏。在社会生活中，人们用微笑表示友好，用示威表示反对；人们还可以通过察言观色了解对方的情绪状态，以利于决定自己的行为，维护正常的人际关系。这些都是为了更好地适应社会需要，更好地生存和发展。

2. 动机功能

情绪和情感可以驱动人从事活动，并提高人的活动的效率。内驱力是激活人行动的动力，但是情绪和情感可以将信息放大和增强，从而更有力地激发人的行动。例如，缺水使血液变浓，引起了人对水的生理需要。但是只是这种生理需要还不足以驱动人的行为活动，如果意识到缺水会给身体带来危害，因而产生了紧迫感和心理上的恐惧，这时，情绪和情感就放大和增强了内驱力提供的信息，从而驱动人的取水行为，成为人的行为活动的动机。

3. 组织功能

情绪和情感对其他心理活动具有组织的作用，积极的情绪和情感对活动起着协调和促进的作用；消极的情绪和情感对活动起着瓦解和破坏的作用。一般来说，中等强度的愉快情绪会提高人的认识活动和操作的效果。例如，在愉快的情绪状态下，容易注意事物美好的一面，态度和善，乐于助人，勇于承担重任，在记忆力方面也容易记住带有愉快色彩的信息。痛苦、恐惧这样的负性情绪则会降低操作的效果，而且强度越大，效果越差。例如，在消极情绪状态下，人看问题容易悲观，懒于追求，并容易产生攻击性行为，对这些负性情绪色彩的信息也不易忘却。

4. 信号功能

情绪和情感具有传递信息、沟通思想的信号功能。信号功能是通过表情来实现的，如微笑表示友好，点头表示同意等。此外，从时间角度来说，用表情传递思想要比用语言交流早得多,如今表情成为语言交流的重要补充手段,依旧发挥着重要作用。

心灵绘画

画出情绪

▲指导语:放松身心,然后想象自己平时有哪些情绪,用铅笔或者彩笔把自己的情绪通过画面的形式呈现出来。

▲温馨提示:

1. 画完后给作品命名。
2. 通过画画,发现自己有哪些情绪,并给这些情绪命名。

心理效应

情绪效应

一天早晨,有一位智者看到死神向一座城市走去,于是上前问道:“你要去做什么?”

死神回答说:“我要到前方那个城市里去带走100个人。”

那个智者说:“这太可怕了!”

死神说:“但这就是我的工作,我必须这么做。”

这个智者告别死神,并抢在它前面跑到那座城市里,提醒所遇到的每一个人:请大家小心,死神即将来带走100个人。

第二天早上,他在城外又遇到了死神,带着不满的口气问道:“昨天你告诉我你要从这儿带走100个人,可是为什么1000个人死了?”

死神看了看智者,平静地回答说:“我从来不超量工作,而且我只带走100个人,可是恐惧和焦虑带走了其他那些人。”

恐惧和焦虑是消极情绪,消极情绪强度越大负作用也会越大,甚至会影响人的身体健康和生命,这就是情绪效应。

心理美文

情绪影响命运

包希尔·戴尔是位失明50年的老妇人。她仅存的一只眼睛上布满了斑点,所有的视力只靠左侧一点点小孔维系。她看书时,必须把书举到脸前面,并尽可能靠近左眼左侧的视觉区域。在她内心深处,始终不能祛除完全失明的恐惧。为了克服这一点,她只有对人生采取开心甚至天真的态度。

小时候,她想和小朋友一起玩游戏,可是看不到任何记号,等到其他小朋友都回家了,她才趴在地上辨认那些记号。

她把地上画的线完全熟记,并成为玩这个游戏的佼佼者。她在家自修,拿着放大字体的书,靠近脸,近得睫毛都挨到书页上。她修完了两个学位:明尼苏达大学的学士及哥伦比亚大学的硕士。她开始在明尼苏达州一个小村庄教书,后来成为南达科他州一个学院的新闻学教授。她在当地任教了13年,并常在妇女俱乐部演讲,上电台节目谈书籍与作者。

1943年,她已经52岁,却发生了一项奇迹:极负盛名的梅奥医院的一项手术,使她恢复了视力。她在水槽边洗碗,玩弄碟子上的泡沫,用手指捧起一个肥皂泡泡,对着光看,看到缩小的彩虹般的色彩幻影。她简直无法抑制自己欣赏肥皂泡泡时的欢快心情,难以入眠。后来,她写了一本谈论关于勇气以及给人精神鼓励的著作,书名叫作《我要看》。

任务十二　向天空微笑

——换个视角看世界

模块一　心声坦露

模块二 行动起来

暖身启心智

推手游戏

▲暖身介绍:两人四掌相对,在规定时间内尽量让对方失去平衡,这个游戏可让大家的身体和精神活跃起来。

▲目标:通过暖身活动让同学们身体活跃、心情愉悦。

▲时间:5 分钟。

▲准备:秒表。

▲操作过程:

(1)全体同学分成两组。

(2)第一组围成圆圈作为外圈,相邻同学间两臂之隔。第二组每名同学在第一组中选一个搭档,站在距他(她)一臂之隔的对面,形成内圈。

(3)面对面的两人都伸出胳膊,四掌相对。在整个游戏过程中,不允许接触搭档的其他部位。

(4)每对搭档的任务是在 20 秒内尽量让对方失去平衡,以移动双脚为准。未移动的一方获胜。如果双方都失去平衡,均失败。若触摸到对方身体的其他部位,则失败。

(5)结束一场推手游戏后,内圈同学顺时针方向移动到下一位同学的位置,与对面的新对手进行游戏,直到回到原点。

▲注意事项:不要用力过猛,保证安全。

体验助成长

●主题体验一 天使与魔鬼

▲体验介绍:通过陈述、争辩,让我们认清自我的内在冲突,探索积极的、合理的信念,让我们来体验吧!

▲目标:帮助我们看到事情积极的一面和消极的一面,增加自己内心的积极力量,唤醒心中的巨人。

▲时间:25 分钟。

▲准备:相应数量的 A4 纸、笔、秒表。

▲操作过程:

(1)每个人在 A4 纸上写明自己不开心的一件事,尽量具体化,有情节、有内容,然后折叠起来与其他人的纸混在一起。

(2)分组,一组 5 人,每组都围成圈。

(3)组内分饰角色:一个"凡人"负责抽取 A4 纸,根据纸上内容进行陈述或表演;两个"魔鬼"站在"凡人"左边,负责给"凡人"泼冷水,尽力打击"凡人";两个"天使"站在"凡人"

右边,负责鼓励“凡人”,尽力让他感受到事情积极、光明的一面。

(4)由“凡人”开始抽取 A4 纸,进行陈述或表演,然后让他左边的“魔鬼”和他右边的“天使”交替发言。

(5)“天使”和“魔鬼”争辩结束之后,“凡人”需要说明自己的解决办法,并判定“天使”和“魔鬼”哪一方胜利。

(6)以此类推,将所有小组成员写的问题都讨论完,最后看看“天使”和“魔鬼”哪一方胜利的次数多。

▲注意事项:每人争辩时间不超过 1 分钟,用语文明,不能进行人身攻击。

●主题体验二　理情调节 ABCDE

▲体验介绍:根据具体事件,按照理情调节 ABCDE 步骤来调整情绪,让我们一起体验一下吧!

▲目标:学会运用理性情绪法来调节情绪。

▲时间:5 分钟。

▲准备:相应数量的答题板、白板笔。

▲操作过程:

(1)老师介绍理情调节 ABCDE 的步骤。

A. 确定引发情绪的事件。

B. 自己对此事件的想法。

C. 想法所引发的情绪。

D. 对原想法的不合理成分进行驳斥。

E. 建立理性的想法和适当的情绪。

(2)老师将“心声坦露”中的最后一个“心声”作为案例,让各小组按上述步骤进行情绪调节,并把调节过程记录在答题板上。

(3)各小组展示调节记录,交流自己的调节步骤并互相评析。

▲注意事项:按照步骤调节,记录的字迹要求清晰、工整、大小适当。

心理加油站:请不要开错窗

模块三　心理加油站

扫一扫:请不要开错窗。

模块四　心理知识拓展

心理知识

一、中职生的情绪特点

1. 积极方面

(1)性格开朗,思想解放,社会参与度较高且易融入社会。

(2)富有竞争意识,个性突出,乐于交往。

2. 消极方面

(1)失落,易自卑。许多中职生成绩不突出,进入职业学校前经常受到老师批评、家长训斥,学习兴趣和效果始终无法提高,甚至自暴自弃。尽管老师耐心细致地讲解,学生也能认识到学习的重要性,但是学习基础差的心理障碍始终不能排除,自卑情绪较为突出。

(2)懒惰,易厌恶。许多中职生原本学习兴趣就较弱,到了中职学校后,新的教学模式、新的学习内容更让他们难以适应,导致思想认识上不去,行为上又懒惰,课堂上睡觉、玩游戏、看小说等现象时有发生,厌学情绪严重。

(3)无常,易愤怒。在面对学业、感情、交友、就业等问题时,中职生很容易陷入困扰,情绪变化无常,喜怒哀乐没有规律,难以控制,甚至做出一些冲动失控、丧失理性的事情。例如,小王同学脾气非常大,高兴时怎么都好,只要同学与他一言不合,他就会大发雷霆,斥责别人,甚至大打出手,但事后又后悔道歉,保证下次不再犯,但是再遇到相似的情况,他又会发脾气。因此,同学都不愿意和他交往。

(4)冷漠,易敌对。不少情感冷漠的中职生对他人怀有敌意,态度冷淡,漠不关心,对集体活动冷眼旁观,置身事外,甚至认为父母和老师都无法沟通,同学对自己的关心也是虚假的。例如,小陈同学在班级里经常让人觉得像空气一样,上课从不发言,也不参与活动,不爱与同学交流,有事就让父母出面跟老师请假。

(5)沉默,易忧郁。一些中职生面对学习的压力、早恋问题等,不是积极地去解决,而是长时间地郁郁寡欢,经常唉声叹气、愣愣发呆或以泪洗面,对所有的事情都失去了原有的兴趣。有的学生甚至失眠,食欲也大受影响,出现抑郁症早期的症状。

二、消极情绪对中职生的影响

消极情绪是指降低人体活动能力和积极性,使人的意志削弱以致完全丧失,并会产生消极因素的情绪,诸如恐惧、厌恶、悲哀、悔恨等。由于与某种需要的无法满足或不能完全满足相联系,消极情绪通常伴随着一种明显不愉悦的主观体验。

1. 影响学习效果

消极、悲观的心境,使人产生的低沉的心理状态,会使人丧失信心,降低学习效率,起反向推动作用。考试焦虑就是常出现在学习过程中的消极情绪之一。它是由紧张、不安、焦急、忧虑、担心、恐惧等感受交织而成的情绪状态。耶克斯—多德森定律研究表明,焦虑与学习效率之间的关系可用倒 U 形表示,无动于衷或过分焦虑都不能产生高的学习效率,而适中水平的焦虑,才有利于提高学习效率。

2. 影响身心健康

俗话说“愁一愁,白了头”。大量研究表明,不良的情绪如恐惧、忧郁、过度兴奋等,若得不到及时调适或宣泄,就会削弱人的生理抵抗力,引起生理疾病。《黄帝内经》中说道:“怒伤肝,喜伤心,思伤脾,忧伤肺,恐伤肾。”我国心理学家王极盛等人对 232 例高血压病人的研究发现,病人病前有不良情绪在高血压病因中占 74.5% 。

如果中职生因为不能抵抗竞争、挫折、压力带来的困扰,或对自己的期望和要求过高,精神长期处于紧张状态,十有八九会导致各种身心疾病。常见的一些疾病,如紧张性头痛、神经衰弱、心律不齐、哮喘、湿疹、神经性皮炎、十二指肠溃疡、月经不调等,都与情绪变化有关。

3. 影响行为反应

中职生的情绪体验对其行为有重要影响。不可否认，消极情绪使一部分中职生向积极的方向转化，在行为上表现得更为坚强，表现出更多的克服困难的勇气与意志。但是当中职生体验到的是痛苦、愤怒、紧张或受到威胁等消极情绪时，还是会使部分中职生的行为发生消极的变化，表现为社会兴趣下降、反应迟钝、反社会行为增加、对新经验持审慎甚至闭锁的态度。例如，研究表明，消极情绪阻碍问题的创造性解决，消极情绪状态下创造性的总体发挥水平显著低于积极情绪状态下的发挥水平，且主要体现在流畅性和变通性两个方面。这是因为消极情绪限制了人的注意力，使人的反应刻板化、僵化。

三、消极情绪的疏导

1. 换位思维

所谓换位思维，就是设身处地为他人着想，即“急人之所急，想人之所想”，是理解至上的一种处理人际关系的思维方式。人与人之间要相互理解、信任，并且要学会换位思维，这是人与人之间交往的基础。例如，迟到受到老师惩罚后，学生自己应该想：假如自己是老师，有学生迟到了，自己是什么感受呢？这样就会乐意接受老师的惩罚，也只有这样，才能改正自己的错误。

2. 多角度看待问题

中职生分析问题的能力还是相对较弱的，对一个问题往往只从一个角度理解，这就是所谓的“钻死胡同”“钻牛角尖”，所以容易遭受挫折，应该从多方面去思考问题，发现问题的积极意义，从而变消极情绪为积极情绪。可以运用合理情绪疗法。例如，事件A：考试成绩较低；信念B：我不是学习的料；情绪C：苦闷、垂头丧气。改变看待事件的角度，多是改变信念B，变成：自己的学习方法和学习态度还有待改善，相信改善后成绩会有所提升的。这样，情绪C就会变得轻松、自信，行为上会不断进取，变坏事为好事。

3. 经历过渡式的情绪体验

有的学生考试时浑身出汗、面孔涨红、手脚发抖、总想去厕所，演讲时大脑会产生空白，这都是临场经验不足造成的，应该创设一种过渡的情绪体验，即从很紧张到稍有些紧张，最后再到不紧张。例如，参加歌咏比赛前，先在室友面前演唱，然后给班级同学演唱，再到学校会堂演唱，使其积累各种环境下的情绪体验，形成过渡，会自然适应紧张情绪。

4. 及时缓解消极情绪

当外界事物的刺激引起激动情绪时，可以深呼吸、按压掌心的劳宫穴、捏一下衣角、咬一咬牙或眺望一下远方等，这些都能减弱情绪强度；在沮丧时可回想一下过去愉快的情景，畅想美好的未来，这样消极情绪便可以得到缓解。要知道，消极的人生态度对自己的成长有百害而无一利。

心灵绘画

画出最开心的旅行

▲指导语：请闭上眼睛，想象一下你最开心的一次旅行，去了哪里、跟谁在一起，将头脑

中呈现的画面画出来。

▲温馨提示：

1. 画完后给作品命名。
2. 写一段话描述这幅画。

心理效应

心理钟摆效应

心理钟摆效应，就是在特定背景的心理活动过程中，感情的等级越高，呈现的“心理斜坡”就越大，因此也越容易向相反的情绪状态转化。也就是说，如果此刻你感到兴奋无比，那相反的心理状态（如悲伤）极有可能在另一时刻不可避免地出现。例如，一位先生被集团公司总部任命为子公司的总经理。在刚得到升职消息的时候，心花怒放，高兴无比，可是没过几天，忽然觉得根本没什么可高兴的，甚至开始为以后的工作和人际关系感到担忧烦心，情绪总是莫名其妙地在欢乐和痛苦间徘徊。

人的情绪就像钟摆一样，在高兴与悲伤、希望与失望之间来回摆动，我们的心情会从“沸点”降到“零点”，而且越快乐，随后就会越悲伤。

人的情绪不仅会在短时间内呈现较大的波动，而且会在长时期内出现由高涨到低潮的周期性变化。人的“情绪定律”以 28 天为周期，从高潮、临界到低潮循环变化。在情绪高潮期内，人们会感觉心情愉悦，精力充沛，能够平心静气地做好每件事情；在情绪的临界日内，人们会觉得心情烦躁不安，容易莫名其妙地发火；在情绪低潮期内，人们的情绪极度低落，思维反应迟钝，对任何事情都提不起兴致，严重时还会产生悲观厌世的情绪。

心理钟摆效应说明情绪起伏是正常的，但要学会疏导消极情绪，避免消极情绪给人的身心带来严重伤害，谨防异常暴躁，失去理智，做出一些让自己悔恨终生的事情。

心理美文

换个角度看问题

盲人摸象的故事大家都听过，角度不同，你看到的世界也不同。生活中，我们常常会遇到一些特别不能理解的情况，于是，我们会抱怨、会郁闷，甚至会觉得全世界都在跟自己作对。这时，不妨试试换位思考。

生活中，当你不理解朋友的决定时，试试把自己放在对方的角度上去思考，也许就会发现，他此刻需要面对的情况，远比你想象的要复杂；家庭中，当你和父母吵得不可开交时，试试将心比心去想想，如果易地而处，你希望得到的回应是什么？你们的矛盾也许就会更快地消弭。遇事不钻牛角尖，换种心态和角度，你会发现一切远没有想象中那么糟糕，生活也就会多一份顺心愉悦。

换个角度看问题，你会拥有更广阔的视角，做出更理智的决断；你会更理解他人的选择，多了一份了然与释然。没有完美的人生，只有更好的心态。

任务十三　丢掉心灵的垃圾

——宣泄不良情绪

模块一　心声坦露

模块二　行动起来

暖身启心智

我们是最棒的团队

▲暖身介绍：大家一起做相同的动作、喊相同的口号，看看哪组完成任务用的时间最少，大家是不是会感觉很开心、很有趣，大家一起来参与吧！

▲目标：让同学感受团队的凝聚力和合作态度，活跃气氛，为后面的活动做好身心准备。

▲时间：5 分钟。

▲准备：无。

▲操作过程：

（1）让所有参加游戏的人围成一圈，等待主持人喊游戏开始。

（2）游戏开始后，每个人先双手拍左面同学的肩膀一下，齐喊“一”，然后双手拍右面同学的肩膀一下，齐喊“二”，再俯身击掌，齐喊“我”。

（3）然后，再拍左面同学的肩膀两下，齐喊“一、二”，接下来拍右面同学的肩膀两下，齐喊“一、二”，再俯身击掌，齐喊“我们”。

（4）依次叠加数字和口号，到第八下喊完“我们是最棒的团队”后，举手攥拳喊“耶”！

暖身体验：我们是最棒的团队

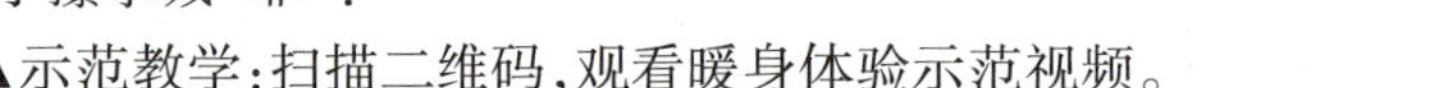

▲示范教学：扫描二维码，观看暖身体验示范视频。

▲注意事项：班级人数较多时可分组进行比赛，看哪组用的时间最少。

体验助成长

●主题体验一　情绪垃圾桶

▲体验介绍：通过销毁、丢弃写有消极情绪及感受的纸，体验情绪宣泄带来的轻松感受。让我们来体验吧！

▲目标：让同学们感受情绪宣泄对调节消极情绪的影响和作用。

▲时间：10 分钟。

▲准备：相应数量的白纸、笔、垃圾桶。

▲操作过程：

（1）发给每位同学一张白纸，同学将有过的烦躁、忧愁等消极情绪和情绪感受写在白纸上。

（2）采用某种方式（乱涂乱画、揉成团、撕成碎片……），将写满消极情绪内容的纸销毁。

（3）将销毁的纸丢进事先准备的垃圾桶中，象征那些消极的情绪也随之丢弃。

●主题体验二　放松冥想：情绪释放

▲体验介绍：闭上眼睛，跟随引导语想象相应的情景。让我们一起体验一下吧！

▲目标：感受自身情绪的释放，体验身体、情绪的舒适感。

▲时间：8 分钟。

▲准备：指定引导者一名，可以是老师，也可以是同学，要求具备朗读能力。

▲操作过程：

（1）请同学们舒适地坐在椅子上，并拿掉眼镜、手表、领带等容易妨碍身体充分放松的物品。

（2）引导者宣读引导文：“请你轻轻地闭上眼睛，放松肌肉，均匀呼吸。”（此刻停顿一段

时间)

“右手放在腹部肚脐,左手放在胸部。当你吸气时,要深长而缓慢,用鼻呼吸而不用口,最大限度地向外扩张腹部,胸部保持不动。(此刻停顿一段时间)呼气时,最大限度地向内收缩腹部,胸部保持不动。(此刻停顿一段时间)循环往复,保持每一次呼吸的节奏一致。细心体会腹部的一起一落。(此刻停顿一段时间)现在可以将手拿开,只用意识关注呼吸过程即可。”(此刻停顿一段时间)

“一呼一吸掌握在 15 秒左右,即深吸气(鼓起肚子)3 ~5 秒,屏息 1 秒,然后慢呼气(回缩肚子)3 ~5 秒,屏息 1 秒。身体素质较好的人,屏息时间可延长,呼吸节奏尽量放慢加深。身体素质较差的人,可以不屏息,但气要吸足。”(练习一段时间)

“现在你能感觉到气息通过鼻腔进入我们的咽喉,慢慢、慢慢地扩散到我们的全身。在呼气的时候请你想象,用口腔慢慢、慢慢地把气呼出去。就是这样慢慢地深深地吸气、吸足,然后慢慢、慢慢地把气呼出去。在吸气的时候请你想象大自然新鲜的空气、灿烂的阳光、舒服的感觉、愉悦的心情,通过吸气进入我们的体内,充满我们的全身。在呼气的时候,请你想象把伤心、病痛、不舒服的感觉、不愉快的心情,通过呼气把它带出体外。你会感觉越来越放松、越来越宁静,请你保持这种放松的感觉。”(此刻停顿一段时间)

“现在请你想象,跟我一起离开教室来到海边,大海风平浪静,蓝蓝的天,白白的云,海鸥飞翔。你站在海边,迎面吹来的是凉爽的海风,你的双脚浸在凉爽的海水中,松软的沙滩,凉凉的海水,很清新、很惬意、很凉爽,你整个人好像融入了大自然,感受到前所未有的放松、宁静、自然和惬意。请你好好地享受这种放松的感觉。”(此刻停顿一段时间)

“好,现在请你想象,跟我一起告别大海,回到教室,坐在你的位置上,继续保持和享受这种放松的、宁静的、自然的感觉。等一会儿,我将会开始数数,当我数到三的时候,再请你慢慢、慢慢地睁开眼睛。你们准备好了吗? 我要开始数数了:1,让这种放松的感觉充满全身,浸润你的每一个细胞;2,现在你感觉到越来越轻松,越来越自然,更加轻松、更加自然;3,现在请你慢慢、慢慢地睁开眼睛,伸伸懒腰,活动一下你的身体,可以将身体转一转。”(引导语结束)

▲注意事项:请在放松冥想的过程中保持安静。

●主题体验三　压压你的怒气

▲体验介绍:通过双手按压他人,感受如何压走怒气。让我们一起体验一下吧!

▲目标:通过按压双肩,感受愤怒情绪与力量的变化情况,探索情绪宣泄的方法。

▲时间:10 分钟。

▲准备:相应数量的椅子、计时提示器(能发声)。

▲操作过程:

(1)全体同学分成 4 组,每组 7 ~8 人。

(2)奇数(1、3)组站立并围成圆圈作为外圈,相邻同学间一臂之隔。偶数(2、4)组同学与奇数(1、3)组同学对齐,坐在奇数组对面椅子上作为内圈,一共形成两个环形。

(3)内圈的同学,请闭上眼睛回想一件曾经令你十分气愤的事情,体会当时的感受,在心中再现两遍。

(4)外圈同学伸出双手按压对面同学的双肩 15 秒,休息 5 秒;内圈同学在这 5 秒的时间里顺时针方向移动到下一位同学的位置坐好，外圈同学接着按对面同学的双肩，直至内圈同学轮转一圈回到原位置。

(5)外圈同学与内圈同学互换位置，重复以上活动。

▲注意事项：按压同学双肩时不要太过用力，保证安全。

模块三　心理加油站

扫一扫：世界冠军被苍蝇打败。

心理加油站：世界冠军被苍蝇打败

模块四　心理知识拓展

心理知识

一、情绪宣泄

情绪宣泄是指人通过倾诉或者是其他的方式，将情绪以另外一种方式表达和释放出来，以消除不良情绪、舒缓心情的过程。

二、情绪宣泄的作用

1. 情绪宣泄可以释放心理能量

现代心理学认为，人的心理是需要平衡的，过度积聚的心理能量需要释放。如果无法释放，过分失衡的心理就会发生扭曲、倾斜甚至崩溃，从而导致抑郁、焦虑、躁狂等心理问题甚至精神性疾病的发生。例如，愤怒的情绪如果得不到合理的宣泄，一旦爆发出来可能会使人从焦虑状态发展到暴怒甚至癫狂，还有可能将愤怒发泄给不该发泄的对象，引发自杀或施暴的念头。在特定的环境下采取情绪宣泄的方式，能够快速地释放心理能量，缓解紧张情绪。

2. 情绪宣泄可以缓解身心问题

大量的消极情绪长期郁积在心里，就将形成不良情绪，不利于人的身心健康。这时进行情绪宣泄，从情绪本身出发，可以减少或排除不良情绪。不良情绪得到释放而减少，会在生理指标方面有所体现，人的收缩压会迅速下降，心率也会随之下降，内心的紧张感会得到释放。这种紧张感缓解和生理水平自发的恢复，是人们在发泄后"感觉更舒适"的原因。

三、情绪宣泄的方法

情绪宣泄有多种方法，如倾诉、哭泣、运动、冥想、文娱活动等。需要注意的是宣泄要合情合理、遵守道德约束，做到既不伤害自己的身心，也不伤害别人的身心，如暴饮暴食、酗酒、吵架等方法是不可取的。下面介绍几种可取的情绪宣泄方法。

1. 倾诉

分享会使你的痛苦减半，通过找信赖的人或把一个物体假想成倾诉的对象等方式，将心中的恐惧、痛苦、烦闷、苦恼、担忧等说出来，可以减轻心理的负担。例如，有的人对着大树发感慨，有的人在危急悲愤时大声呼喊，都是一种倾诉。

2. 哭泣

找个地方独自一人或对着你依赖的对象痛哭。哭泣被心理学家称为“自然的安全阀”，是上天赋予我们的情感表达方式。所以当你遭遇情绪困扰时，请别羞于哭泣，但也别夸大哭声。眼泪本身就是身体给我们处理情绪问题的有力武器。因为它能迅速、直接地帮你排除“精神毒素”。许多人在痛哭一场后，痛苦和悲伤心情就能减轻许多。

3. 运动

研究证明，体育运动如跑步、做操、游泳、打球、骑车、登山、跳舞、打沙袋等能释放激动情绪带来的能量，促进血液循环及消化系统的新陈代谢，使大脑得到充分的氧气和营养物质，使大脑皮层的兴奋和抑制恢复平静，从而达到改善不佳心情的目的。这就是一些学校设立心理宣泄室的原因，有需要的学生可以在里面打沙袋、打橡胶人等。

4. 呼吸、冥想

呼吸、冥想在心理教学、瑜伽、太极等方面应用较广。一般认为呼吸和冥想相结合的方法治愈能力较好，所以冥想训练要随之做一些呼吸练习。科学研究表明，控制呼吸能够有效管理情绪，将吸入的空气从胸部慢慢沉到腹部，腹部膨胀，再慢慢呼出，神经就会得到放松，消极情绪便会得以消除。

5. 文娱活动

书法、绘画、歌唱等都是很好的文娱活动，这些活动不仅能得到艺术上的高雅享受，而且能怡情养性、增进健康。比如书法与气功、太极拳相似，运笔时气沉体松，可使人心情舒畅，乐此不疲。绘画中的临摹，也可以凝神静气，提升美感。这里值得注意的是，歌唱最好选择积极乐观的题材，医学证明，经常欣赏优美动听的音乐或歌唱可以止痛、解毒、消除紧张情绪，并治疗神经衰弱和失眠。

心灵绘画

画　梦

▲指导语：画出你记忆中最深刻或者重复做过的梦的画面。

▲温馨提示：

1. 这不是美术作业，也不是绘画比赛，画出你记忆中最深刻或者重复做过的梦即可。
2. 这幅画只要自己满意就行，不要管别人喜欢与否。
3. 给这幅画命名。
4. 用三个关键词来描绘这幅画。

心理效应

霍桑效应

美国芝加哥市郊外的霍桑工厂是一个制造电话交换机的地方，具有较完善的娱乐设施、医疗制度和养老金制度等，但工人们仍愤愤不平，生产状况也很不理想。为探求原因，1924年11月，美国国家研究委员会组织了一个由心理学家等多方面专家参加的研究小组，在该工厂开展一系列试验研究。这一系列试验研究的中心课题是生产效率与工作物质条件之间的相互关系。这一系列试验研究中有个“谈话试验”,即用两年多的时间,专家们找工人个别谈话两万余人次,规定在谈话过程中,要耐心倾听工人对厂方的各种意见和不满,并做详细记录;对工人的不满意见不准反驳和训斥。这一“谈话试验”收到了意想不到的结果:霍桑工厂的产量大幅度提高。这是由于工人长期以来对工厂的各种管理制度和方法有诸多不满,无处发泄,“谈话试验”使他们把这些不满都发泄出来,从而感到心情舒畅,干劲倍增。社会心理学家将这种奇妙的现象称为“霍桑效应”。

霍桑效应给我们的启示是:人在一生中会产生数不清的意愿和情绪,但最终能实现、能满足的却为数不多。对那些未能实现的意愿和未能满足的情绪,切莫压制下去,而要千方百计地让它宣泄出来,这对人的身心和工作都有利。

心理美文

适度宣泄改变消极情绪

古老的西藏,有一个叫爱地巴的人,每次生气和人起争执的时候,就以很快的速度跑回家去,绕着自己的房子和土地跑 3 圈,然后坐在田地边喘气。爱地巴工作非常努力,他的房子越来越大,土地也越来越广,但不管房子、土地有多大,只要与人争论生气,他还是会绕着房子和土地跑 3 圈。爱地巴为何每次生气都绕着房子和土地跑 3 圈呢?所有认识他的人心里都对此有疑惑,但是不管怎么问他,爱地巴都不愿意说明。

直到有一天,爱地巴很老了,他的房子和土地已经很多了,他生气时还是拄着拐杖艰难地绕着土地跟房子走,等他好不容易走了 3 圈,太阳都下山了,爱地巴独自坐在田边喘气。他的孙子在身边恳求他:“阿公,您年纪已经大了,这附近地区也没有别人的土地、房子比您的更大,您不能再像从前,一生气就绕着房子和土地跑啊!您可不可以告诉我这个秘密,为什么您一生气就要绕着房子和土地跑上 3 圈?”

爱地巴禁不起孙子恳求,终于说出隐藏在心中多年的秘密,他说:“年轻时,我若和人吵架、争论、生气,就绕着房子和土地跑 3 圈,边跑边想,我的房子这么小,土地这么小,我哪有时间、哪有资格去跟人家生气,一想到这里,气就消了,于是就把所有时间用来努力工作。”孙子问道:“阿公,您年纪大了,又变成最富有的人了,为什么还要绕着房子和土地跑?”爱地巴笑着说:“我现在还是会生气,生气时绕着房子和土地走 3 圈,边走边想,我的房子这么大,土地这么多,我又何必跟人计较?一想到这,气就消了。”

任务十四　风雨过后，彩虹升起

——拥抱健康情绪

模块一　心声坦露

模块二　行动起来

暖身启心智

兔　子　舞

▲暖身介绍：配合歌曲《兔子舞》，脚部做出相应动作，考考你的反应能力，让你身心愉悦。

▲目标：通过暖身活动，让你的身体活跃起来、心情愉悦起来。

▲时间：5 分钟

▲准备：多媒体设备，歌曲《兔子舞》。

▲操作过程：

(1)分成两组，每组15人左右。

(2)每组站成一队，后面同学的双手搭在前面同学的双肩上。

(3)老师站在一边，发出指令：左脚跳两下，右脚跳两下，双腿合并向前跳一下，向后跳一下，再连续向前跳两下，练习三次。

(4)结合音乐《兔子舞》，做相应动作。

▲示范教学：扫描二维码，观看暖身体验示范视频。

暖身体验：兔子舞

▲注意事项：

(1)同学们不要踩到别人的脚。

(2)根据节奏做动作，保持整个团队的游戏效果。

体验助成长

●主题体验一　幽默的魅力

▲体验介绍：通过开展幽默活动，探索不同的幽默方式，体验幽默带来的内心感受和愉快情绪，让我们来体验吧！

▲目标：引你笑出来，体验欢乐的氛围、幽默的力量。

▲时间：26分钟。

▲准备：无。

▲操作过程：

(1)全体同学围成一个大圈，并保持适当的间距，以伸开双臂能头尾连接为宜。

(2)选出一名主持人，主持人先表演一个幽默节目，可以是一个笑话、模仿秀等。给大家1～2分钟准备，让大家发掘最适合自己的幽默方式，所做的行为是否幽默以其他同学的笑声大小为判断依据。

(3)主持人随机挑选一名同学开始表演，然后依次顺时针方向进行。

▲注意事项：每位同学的幽默活动需要在1分钟内完成。

●主题体验二　情绪面对面

▲体验介绍：通过鞠躬问好，激发积极情绪，感受"尊重"的重要性。让我们一起体验一下吧！

▲目标：觉察尊重他人和受尊重的感受，体验情绪的变化。

▲时间：10分钟。

▲准备：无。

▲操作过程：

(1)分成两组，每组15人左右，站成两排，两两相对。

(2)每组各派出一名代表，分别站在本组排头。

(3)两位代表相对，身体弯到90度，相互鞠躬并高喊"×××(同学的姓名)，你好！"

(4)两人走至本组排尾，再相互鞠躬高喊一次。

(5)以此类推，所有同学完成体验活动。

▲注意事项：面对面的同学要距离适当，不要碰头，尽量不要笑，保持活动的秩序。

心理加油站：带疤痕的木板

模块三 心理加油站

扫一扫：带疤痕的木板。

模块四 心理知识拓展

心理知识

一、健康情绪的标准

1. 积极情绪占主导

这就是说，中职生可以有诸如愤怒、焦虑等消极情绪，但更多的应是高兴、热情等积极情绪，具有自然、愉悦、稳定的心境，能够悦纳自己、悦纳他人。

2. 情绪表达适当

这要求中职生能充分表达自己的情绪，并能表现出与环境协调一致的，符合自身的年龄、身份、文化特点的情绪反应。也就是说，不过分压抑或过分放纵自己的情绪，无论是快乐还是悲伤都适度表达，既不是仅用一两种情绪表达方式，也不是表达幼稚或老成的情绪，更不是表达出相反的情绪。

3. 情绪冲动时能控制

这要求中职生在遇到突发事件时，能控制自己的情绪表达方式和强度，不要造成"一失足成千古恨"的结局。

4. 不良情绪能合理宣泄

谁都会有不良情绪，中职生也是如此。长期压抑对心理和生理发展都不利，所以需要宣泄。宣泄及时、合理，符合社会道德、法律等要求，才能真正地转移和摆脱不良情绪。

二、健康情绪对中职生的影响

1. 健康情绪有助于身心健康

现代医学证明，健康情绪能使人笑逐颜开，提高供氧能力，有助于消化；健康情绪能消除神经紧张，使人体各部分机能发挥正常的作用；健康情绪能使体内化学物质处于平衡状态，增强对疾病的抵抗力，从而延年益寿。

2. 健康情绪有助于认知能力的发展

健康情绪可以提高感知的敏锐性和感知活动的强度，可以使记忆深刻、牢固；可以提高思维的强度，可以丰富想象力，促使灵感的产生。

3. 健康情绪有助于良好人际关系的建立

健康情绪体验有利于中职生之间互相了解、彼此产生共鸣、消除隔阂、增进团结，在人际交往中起到良好的纽带作用。

4. 健康情绪有助于高尚品德的培养

健康情绪发展与品德发展有密切关系。苏霍姆林斯基说："没有情感，道德就会变成枯燥无味的空话，只能培养出伪君子。"研究表明，健康情绪有利于中职生塑造良好的人格，提高道德判断力，形成良好的道德行为习惯。

5. 健康情绪有助于提升个人情商

一个人的智商(IQ)和情商(EQ)对他在事业上成功的贡献比例约为1∶2,这让我们清楚了情商的重要性,更使人关注情感和情绪。拥有健康情绪,能恰当地表达稳定、积极的情绪,并能控制情绪,会无形中提升中职生的情商,进而使其容易获得他人的理解、支持,促进学业、事业的成功。

三、培养健康情绪的方法

1. 及时觉察自己的情绪

人一定会有情绪,压抑情绪反而带来不好的结果,学会体察自己的情绪是健康情绪养成的第一步。例如:我怎么了?生气了?无助了?疲倦了?当觉察到自己的情绪时,会意识到接下来的问题:我怎么办会好一些?会积极一些?经过思索,我们会更了解自己,会找到控制情绪和保持乐观的思路。

2. 合理表达自己的情绪

合理地表达情绪,背后反映出来的是在法律和道德规范下的正确的、合情合理的情绪认知,这不仅可以抒发自己内心的感受,还可以让别人更了解你,增进彼此的关系,促进健康情绪的养成,提升情商。

3. 以正确的方式调节情绪

当遇到消极情绪时,要学会运用改变认识(如多角度看问题)、积极暗示(如畅想美好的未来)、及时缓解(如调整呼吸、按摩)、转移情境(如到风景优美的地方)、适当宣泄(如倾诉、运动、哭泣)、寻求专业的心理援助(如找心理老师或心理医生)等方法去调节情绪。

4. 学会增添快乐和情感升华

多增添一些兴趣、爱好、幽默等,是自我情绪自救和获得快乐的方法,也是分享快乐的前提,而分享、友善、助人等,是情感升华的方法。情感升华要做到把快乐分享给他人,要倾注关爱之心,助人为乐,这样不仅自己的从善心理能够得到满足,还会得到他人的尊重、信任、称赞,荣誉感也会得到满足,获得更多快乐。

心灵绘画

心灵涂鸦

▲指导语:请在A4纸上随意画画,头脑中呈现什么画面就画什么。

▲温馨提示:

1. 画完后给作品命名。
2. 这幅画给自己带来哪些启示?
3. 写一段话描述这幅画。

心理效应

海格力斯效应

希腊神话故事中有位大力士,叫海格力斯。一天,他走在坎坷不平的路上,看见脚边有个像鼓起的袋子样的东西,很难看,海格力斯便踩了那东西一脚。谁知那东西不但没被海格力斯踩破，反而膨胀起来，并成倍、成倍地加大，这激怒了大力士海格力斯。他顺手操起一根碗口粗的木棒砸那个怪东西，结果那东西竟膨胀到把路都堵死了。海格力斯奈何不了它，正在郁闷，一位圣者走到海格力斯跟前对他说："朋友，快别动它了，忘了它，离它远去吧。它叫仇恨袋，你不惹它，它便会小如当初；你若侵犯它，它就会膨胀起来与你敌对到底。"

仇恨正如海格力斯所遇到的这个袋子，开始很小，如果你忽略它，矛盾化解，它会自然消失；如果你与它过不去，加恨于它，它会加倍地报复。

"以眼还眼，以牙还牙""以其人之道还治其人之身""你跟我过不去，我也让你不痛快"，是典型的海格力斯效应。人生在世，人际间或群体间的摩擦、误解乃至纠葛恩怨总是在所难免，如果肩上扛着"仇恨袋"，心中装着"仇恨袋"，海格力斯效应只会让生活如负重登山，举步维艰，最后只会让人陷入无休止的烦恼之中，堵死自己的路，错过人生中许多美丽的风景，再没有真正的快乐，再没有新的进步了。

心理美文

快乐源于奉献

苍蝇原本是无翅无腿的蛆虫，听到人们赞扬蜜蜂，他又是妒忌、又是眼红，于是便脱去白色的紧身衣，模仿着蜜蜂的模样，把自己从头到脚打扮了一番。但是，人们照样讨厌他，见了他就挥舞苍蝇拍，撵得他东逃西窜，差点丢了小命。

苍蝇跌跌撞撞地逃到池塘里，停在一朵荷花上，向青蛙诉说道：

"青蛙博士，有件事我真想不通，想请你评评理。"

青蛙眨眨大眼睛，警惕地说："有什么事，你就说吧！"

苍蝇愤愤不平地说："你瞧我，有哪点儿不如蜜蜂？她有一对翅膀，我也有一对翅膀；她有六条腿，我也有六条腿；她会嗡嗡唱歌，我也会嗡嗡唱歌；她会在天上转圈圈儿，我也能在天上转圈圈儿！凭什么她高我一等？一碗水端得太不平了。"

青蛙沉吟地"嗯"了一声，挪挪身子说："你还有什么想法，都讲出来吧！"

苍蝇撅着屁股，伸出两条后腿把亮晶晶的翅膀理了理，嘟嘟哝哝地说："要认真比一比，蜜蜂好多地方还不如我呢！你看她那身衣裳，一道道黄杠杠黑条条，俗气死了；瞧我，一身金衣，闪闪发光，多时髦，多漂亮！再看看她那顶帽子，黄不黄，黑不黑，灰不溜秋的，哪有我这顶红绒帽引人注目？可人们偏偏把她当成宝贝，又是给她造房子，又是给她找鲜花，还带着她乘火车、轮船到处旅游；见了我，又吹胡子又瞪眼睛，恨不得把我和同族赶尽杀绝。你说这公道吗？"

"一个人要想受到别人的爱戴，不在于比别人漂亮多少，而在于他对社会的贡献。蜜蜂虽然没有你那么时髦，但人家辛辛苦苦地工作，为鲜花做媒，为人类酿蜜；而你呢，外表虽然很漂亮，内里却肮脏透顶，整日里追腐逐臭，飞到哪儿，就把病菌带到哪儿。瞧，刚才你又在荷花上拉了一坨屎呢！你这害人的东西！"青蛙说着，一吐舌头，结果了苍蝇的小命。

第五单元　人际交往与沟通

任务十五　有你真好

——人际交往的原则

模块一　心声坦露

1．我最近才转到这个班级，不知是我自己内向，还是他们排斥我，总感觉不到这个集体的温暖，我没有一个朋友，只能一个人独来独往。

2．我是一个比较内向的女生，在班级里，好朋友仅有平时玩耍的几个，和班里的其他人就是零交流，我真的想多交几个朋友，可又担心他们排斥自己。

独行侠

3．前天上课时因为走神，上机练习的内容没有跟上，当我求助同桌时，他以埋怨的口气说我不会还不听讲，因此，我们便大吵起来。我们已经很久没有说话，我该怎么办？

4．班级要组织去春游，大家都有自己的小伙伴陪同，也能找到自己的小组，而我却不知道应该与谁一组，就自己看着大家有说有笑的，真孤单！

模块二　行动起来

暖身启心智

突围闯关

▲暖身介绍：根据要求，完成活动，考查你的毅力、智慧，让你发挥潜能，使身体活跃。

▲目标：锻炼克服困难的信心，活跃氛围。

▲时间：5 分钟。

▲准备：海绵垫。

▲操作过程：

(1)分组，每组 15 人左右，让男女同学交叉站立，手拉手围成一个"包围圈"。

(2)老师讲解游戏规则：假定你被人包围了，情况十分危急，要求你尽快想办法冲出包围圈。可采取钻、跳、推、拉、诱骗等任何方式，以不伤害人为原则，力求突围挣脱，冲出包围圈；其他同学必须要尽力不让被围者逃出；若圈内的同学从某两个同学手中挣脱，则这两个同学要进入圈内作为被围者。

(3)老师可通过随机抽学号的方式，让一名同学站在包围圈中央开始游戏。倘若被围的同学一时冲不出"包围圈"，可增加两名同学到圈内作为被围者。

暖身体验：突围闯关

▲示范教学：扫描二维码，观看暖身体验示范视频。

▲注意事项：

(1)注意安全。场地选择铺有海绵垫的地面或草地，移去危险器物。

(2)身体欠佳者如哮喘、心脏病等，不宜参加此游戏活动。

体验助成长

●**主题体验一**　画手找朋友

▲体验介绍：在纸上画下你的手，写下你的个人信息，寻找与你相似的朋友吧！

▲目标：增进同学彼此之间的了解，增进友谊。

▲时间：15 分钟。

▲准备：一张大白纸(不要太薄)，两支油性笔。

▲操作过程：

(1)每人把自己的右手按到纸上，手腕贴着纸的边缘部分，用油性笔画出手的轮廓。

(2)在 5 个手指的轮廓空白处，依照从大拇指到小指的次序请学员填写以下内容：

大拇指：你的星座______________________________。

食指：你的梦想______________________________。

中指：你喜欢的偶像______________________________。

无名指：你的兴趣和爱好______________________________。

小指:你最喜欢做的事情______________________________。

(3)在你的小组中寻找填写内容相同的两个大拇指进行连线;接着是相同内容的食指、中指、无名指和小指,但内容相同(比如都是"A")的不同手指之间不允许连线。

(4)每人数一数自己手上的线头数,并将这个数字填在手掌上,签上你的大名。

▲注意事项:无。

●主题体验二　有你真好

▲体验介绍:我们每个人都离不开朋友,交朋友都是经过从陌生到熟悉,再从熟悉到成为知己的过程,就让我们通过这个互动活动,来找到更多的知心朋友吧!

▲目标:在活动中了解自己在人际交往中的特质,找到更多的朋友,在班级中找到支持系统。

▲时间:大约20分钟。

▲准备:每人一张卡片、一支笔。

▲操作过程:

(1)主持人发给每位同学一张卡片,请同学们在卡片上画一棵大树,这棵大树代表朋友树。

(2)接着同学在树上画树叶,每片叶子代表一个朋友,他可以是曾经的朋友,也可以是现在你想认识的朋友。记住,中间那片叶子代表自己。

(3)在每片叶子的背面写上朋友的优点和认识过程,还有为什么要跟他成为朋友。

(4)请同学们去找朋友,并让朋友在画好树的卡片上签名。

(5)分组讨论:

1)自己的朋友树上共有几个朋友?

2)你去找朋友签名时,你的感受是怎样的?

3)同学来找你为他的朋友树签名时,你有什么感受?

▲注意事项:整个过程在非常愉悦的氛围中进行。

模块三　心理加油站

扫一扫:共命鸟的故事。

心理加油站:共命鸟的故事

模块四　心理知识拓展

心理知识

一、人际交往

人际交往就是人与人之间通过一定方式的接触,从而在心理和行为上发生相互影响的过程。在交往的基础上形成的人与人之间的心理关系称为人际关系。中职生的人际交往,主要是与朋友、同学、老师及父母的交往。

二、人际交往的原则

1. 相互原则

人际关系的基础是彼此间的相互重视与支持。任何个体都不会无缘无故地接纳他人。喜欢是有前提的，相互性就是前提，我们喜欢那些也喜欢我们的人。人际交往中的接近与疏远、喜欢与不喜欢是相互的。

2. 交换原则

人际交往是一个社会交换过程。交换的原则是：个体期待人际交往对自己是有价值的，即在交往过程中的得大于失，至少等于失。人际交往是双方根据自己的价值观进行选择的结果。

3. 自我价值保护原则

自我价值是个体对自身价值的意识与评价，自我价值保护是一种自我支持倾向的心理活动，其目的是防止自我价值受到否定和贬低。由于自我价值是通过他人的评价而确立的，个体对他人的评价极其敏感。对肯定自我价值的他人，个体对其认同和接纳，并反投以肯定与支持；而对否定自我价值的他人则予以疏离，此时可能激活个体的自我价值保护动机。

4. 平等原则

在人际交往中总要有一定的付出或投入，交往双方的需要和这种需要的满足程度必须是平等的，平等是建立人际关系的前提。人际交往作为人们之间的心理沟通，是主动的、相互的、有来有往的。

5. 相容原则

相容是指人际交往中的心理相容，即指人与人之间的融洽关系，与人相处时的容纳、包涵、宽容及忍让。要做到心理相容，应注意增加交往频率，寻找共同点，多些谦虚和宽容。为人处世要心胸开阔，宽以待人。要体谅他人，遇事多为别人着想，即使别人犯了错误，或冒犯了自己，也不要斤斤计较，以免因小失大，伤害相互之间的感情。

6. 信用原则

信用即指一个人诚实、不欺骗、遵守诺言，从而取得他人的信任。人离不开交往，交往离不开信用。要做到说话算数，不轻许诺言。与人交往时要热情友好，以诚相待，不卑不亢，端庄而不过于矜持，谦逊而不矫饰做作，要充分展示自己的自信心。一个有自信心的人，才可能取得别人的信赖。处事果断、富有主见、精神饱满、充满自信的人也容易激发别人的交往动机。

7. 理解原则

理解主要是指体察了解别人的需要，明了他人言行的动机和意义，并帮助和促成他人合理需要的满足，对他人生活和言行的有价值部分给予鼓励、支持和认可。

上述这些人际交往的基本原则，是处理人际关系不可分割的几个方面。运用和掌握这些原则，是处理好人际关系的基本条件。

三、中职生人际交往的主要特点

1. 友谊占据着十分重要和特殊的地位

朋友之间的交情称为友谊，它是建立在理想、兴趣、爱好等一致和相互依恋基础上的一种感情关系。研究表明，儿童时期的个体在情感上最依恋的对象是父母，朋友则处于相对次要的地位。随着年龄的增长，这种情感依恋的重心便逐步由父母转向了朋友，并逐渐确定和加强。同时，大多数人都认为自己结交朋友最多的时期是青少年时期。

2. 小团体现象突出

由于空间上容易接近、年龄相当、品行相同等因素的影响，大多数中职生会加入非正式的小团体。这些小团体的成员相互间有高度的忠诚感，在行为方面也有很大的约束力。

3. 师生关系有所削弱

中职生不再视老师为至高无上的权威，他们对老师有了新的认识，并有了更高的要求，他们对于喜欢什么样的老师也有了更明确的看法。

4. 易与父母产生隔阂

不少中职生觉得与父母难以沟通，有话宁可与知心朋友讲，也不愿对父母说。无论在价值观念、交友方式、生活习惯，乃至着装打扮等方面，都容易与父母产生摩擦，不断加剧与父母在心理上的隔阂。

四、中职生提高人际交往能力的方法

人际交往能力的提高是通过自觉学习和实践锻炼逐渐培养起来的。

1. 树立交往的自信

许多中职生由于缺乏交往的自信，在交往时表现出被动和较强的心理防御性，从而使交往无法展开。因此，中职生要积极看待人际交往，树立自信心，把它当作成长中的一次有益的体验。

2. 把对方看成重要人物

强烈的自尊感和希望被他人认可是青少年重要的心理欲求，正因为如此，他们往往忽略别人的感受。对此，中职生在交往时应注意对方的感受。具体方法：①维护他人的面子；②不要试图通过争论使他人发生改变；③发现和赞赏别人的优点。

3. 学会倾听和自我表露

耐心而认真地倾听别人的讲话有利于深入地了解对方。中职生应通过专注的表情和反馈的言语暗示对方你对他的尊重及你能理解他的感受和描述，而不要在倾听时打断对方的谈话或出现打哈欠、左顾右盼等心不在焉的行为；在交谈中还要积极地表露自我，以加深交往。

人的交往能力主要是在实践中锻炼出来的，所以中职生应积极参与人际交往，并在交往中总结经验，学会处理交往中的冲突与矛盾，尤其是加强自身修养，努力克服交往中的不良个性，如以自我为中心、心胸狭隘、对人不真诚等。

从某种角度上说，与社会的交往、沟通是个体健康的屏障，逃避与人交往只能意味着放弃最温暖的支持。有好朋友，有好的人际关系，人才会更健康。

心灵绘画

画水族馆

▲指导语：画一个水族馆，里面有各种水生动物、植物。

▲温馨提示：

1. 用水族馆里的水生动物来代表你的家庭成员。
2. 你对家庭成员的关系有哪些新的认识、新的发现？

心理效应

投射效应

投射效应是指将自己的特点归因到其他人身上的倾向。它是指以己度人，认为自己具有某种特性，他人也一定会有与自己相同的特性，把自己的感情、意志、特性投射到他人身上并强加于人的一种认知障碍。比如，一个心地善良的人会以为别人都是善良的；一个经常算计别人的人就会觉得别人也在算计他等。

投射效应会使我们对其他人的知觉失真。人们在对他人形成印象时，有一种强烈的倾向，就是假定对方与自己有相同之处，通俗地说就是“以己推人”“以己之心，度人之腹”。比如心地善良的人总也不相信有人会加害于他，而敏感多疑的人则往往会认为别人不怀好意。

投射使人们倾向于按照自己是什么样的人来知觉他人，而不是按照被观察者的真实情况进行知觉。当观察者与观察对象十分相像时，观察者的判断会很准确，但这并不是因为他们的知觉准确，而是因为此时的被观察者与自己相似。投射效应是一种严重的认知心理偏差，辩证地、一分为二地去对待别人和对待自己，是克服投射效应的良方。

心理美文

心灵深处的友谊

有一种朋友不一定常联系，但也不会忘记，总能让你情不自禁地把关怀放在心里，把关注珍藏在眼底，心里留一份美好，也留一份感动，留一盏友谊的烛光照亮孤独的心房。一路追逐，一路跋涉，我们也曾浅蘸轩墨，用青色涂抹一首首诗文，一边欣赏，一边学习。相识于缘，相知于诚。朋友的最高境界来源于心心相印，最美的层次是精神上的共鸣，是灵魂相融。在相互关心和彼此帮助的同时，我们会多一份难忘的记忆和回放，多一份令人喜悦的关怀和期盼，多一份欣赏的追寻和依恋；少一份孤独和寂寞，少一份夜路时的迷茫和黑暗，少一份逆境中的无助和沦陷。

任务十六　风雨同行
——人际交往中的性格类型

模块一　心声坦露

模块二　行动起来

暖身启心智

打　节　拍

▲暖身介绍：请大家跟随老师用双手打出不同的节拍，喊出你们小组的口号。

▲目标：活跃课堂气氛，激发学生的热情。

▲时间：5 分钟。

▲准备：无。

▲操作过程:以组为单位,每组选一名队长,由队长带领组员确定队名、口号。打完节拍后喊口号,节拍最整齐、口号最响亮者为胜出者。节拍为:12、123、1234、12345……

▲注意事项:无。

体验助成长

●主题体验一 “变形虫”

▲体验介绍:请各小组成员在戴上眼罩的情况下变换绳子的形状,彼此之间不要进行语言交流,一起来体验吧!

▲目标:

(1)通过“变形虫”,让学生感悟人际交往中理解、合作、认同的重要性,体验沟通的必要性。

(2)在体验和分享中学习人际交往技巧,提高人际交往的能力。

▲时间:大约 15 分钟。

▲准备:13 米的长绳 2 ~3 根和 5 个眼罩为一套,准备若干套。

▲操作过程:

(1)主持人先把 13 米长的绳子两头相结,结成一个大绳圈,这样的大绳圈准备 2 ~3 个。

(2)全班学生分成若干个组,每组 5 人,选 2 ~3 组同时进行游戏比赛。

(3)5 名同学分别戴上眼罩,主持人把事先准备好的大绳圈分别交给他们。

(4)根据主持人发出的变形指令,如正三角形、正四边形、正五边形……5 名参与者通过合作完成,用时最少的组获胜。

(5)在合作变形的过程中,不允许用语言交流。

▲注意事项:长绳的长度以比 5 个人伸直双臂的总长度多 5 米为宜,长度适中。以 2 ~3 个小组同时开展竞赛为宜,这样可以节省时间。

●主题体验二 风雨同行

▲体验介绍:请大家分别扮演盲人、无脚人、无手人、聋哑人等合作完成物品的搬运任务,快快一起来体验吧!

▲目标:通过游戏,让学生学会接纳他人的短处,互相帮助、取长补短。

▲时间:大约 25 分钟。

▲准备:眼罩、口罩、短绳、篮球、雨伞、椅子、书包、水桶、抱枕等物品。

▲操作过程:

(1)按 7 人一组分组,在 7 人中规定有 2 个“盲人”、2 个“无脚人”、2 个“无手人”、1 个“聋哑人”。

(2)在角色分配完成后,按要求“盲人”戴上眼罩、“聋哑人”戴上口罩、“无脚人”捆绑双脚、“无手人”捆绑双手。

(3)主持人把他们带到比赛起点,让小组成员把所有物品搬运到终点,用时最少的组获胜。

(4)全班交流,分享感受。

▲注意事项：

(1)比赛计时从主持人宣布完游戏规则开始，即包括角色分配、扮演、合作等全过程。

(2)设计的起点与终点间的距离应该大于20米，并且设置障碍，提高难度。

心理加油站：三只青蛙

模块三　心理加油站

扫一扫：三只青蛙。

模块四　心理知识拓展

心理知识

一、性格的成因

性格的形成因素很复杂、很细碎，概括其主要表现，体现在以下三个方面，分别是基因遗传因素、成长期发育因素以及社会环境的影响因素。可以说它既有来自于本身的因素，也有相应环境的影响。从这个角度分析，性格是可以改变的，需要大量量变之后的质变作用。

二、性格的结构

性格的结构可体现为四个维度的特征，分别是态度特征、意志特征、理智特征与情绪特征。

1. 态度特征

性格的态度特征是指人对待现实的态度方面的特征，它是性格的最重要的组成部分。人接受现实生活的影响，总是以一定的态度给予反应。基于客观现实的多样性，人对现实世界的态度也不同。

(1)对自己的态度特征。表现在这方面的性格特征主要有：谦虚谨慎与骄傲，自尊、自信与自卑、自弃，大方与羞怯等。

(2)对他人、集体、社会的态度特征。表现在这方面的性格特征主要有：爱国主义、集体主义与对国家和集体漠不关心，富有同情心与自私，诚实、正直与虚伪，开朗与孤僻等。

(3)对学习、工作、劳动和劳动产品的态度特征。表现在这方面的性格特征主要有：勤劳与懒惰，有责任心与粗心大意，认真与马虎，有首创精神与墨守成规，节约与浮华等。

2. 意志特征

性格的意志特征是指人在调节自己的心理活动时表现出的心理特征。

(1)对行为目标明确程度的特征。主要有有目的性与冲动性、有独立性与易受暗示性、有组织纪律性与放纵性等。

(2)对行为自觉控制水平的特征。主要有主动性和自制力等。

(3)在紧急状态或困难情况下表现的意志。主要有勇敢、果断、镇定和顽强等。

(4)对自己做出的决定贯彻执行方面的特征。主要有恒心、坚韧性、执拗、顽固性等。

3. 理智特征

性格的理智特征是指人在认知活动中表现出来的心理特征,又称性格的认知特征,主要指人在感知、记忆、想象和思维等认识过程中表现出来的认知特点和风格的个体差异。例如,表现在感知方面的有主动与被动、详细与概括;表现在记忆方面的有主动记忆与被动记忆、形象记忆与逻辑记忆以及记忆的快慢、保持得是否持久;表现在思维方面的有独立型与依赖型、分析型与综合型;表现在想象方面的有广阔与狭隘、丰富与贫乏。

4. 情绪特征

性格的情绪特征是指人产生情绪活动时在情绪的强度、稳定性、持久性以及主导心境等方面表现出来的心理特征。

(1)强度特征。表现为一个人的行为受情绪感染和支配的程度以及情绪受意志控制的程度。例如,有的人情绪情感体验比较强烈,一经引起,难以用自己的意志加以控制;有的人情绪情感体验则比较微弱,总能保持平静,易于用意志控制自我情绪情感。

(2)稳定性。表现为一个人的情绪波动幅度的大小。有的人情绪容易波动,起伏程度大;有的人情绪一直比较平静,自我控制力强,不易看出起伏波动。

(3)持久性。表现为情绪活动持续时间的长短以及影响身体、工作、生活的久暂程度。有的人情绪活动维持时间短,稍纵即逝,不着痕迹;有的人情绪活动持续时间长,对自我心理影响较大。

(4)主导心境。情绪对人的身心稳定而持久的影响即形成心境状态。心境状态在不同人身上有显著差异性,因此每个人都具有主导心境。有的人总是心境开朗、振奋快乐,有的人则多愁善感、抑郁沉闷。

三、性格的分类

性格的类型是指在一类人身上所共有的性格特征的独特结合。这种结合使一类人的性格和另一类人的性格明显不同。

1. 机能类型

从心理机能上划分,性格可分为理智型、情绪型和意志型。这种分类观点是英国心理学家培因和法国心理学家李波特等人提出的,是一种按理智、情绪、意志三种心理机能中哪一种占优势来确定性格类型的分类方法。理智型者通常以理智来衡量和支配自己的行动,与人交往时明事理、讲道理;情绪型者情绪体验深,言行举止易受情绪左右;意志型者具有较明确的活动目标,行为活动具有目的性、主动性、持久性和坚定性。除这三种类型外,还可划分出一些中间型、混合型或非优势型。

2. 内外倾向型

从心理活动倾向性上划分,性格可分为内倾型和外倾型,瑞士心理学家荣格提出的类型说最为著名。他按照人获得心理能量方式的不同,把人分为内向型和外向型。内向型者心理活动倾向于内部:感情深沉,待人接物较谨慎小心;处理事物缺乏决断力,但一旦下定决心总能锲而不舍。外向型者心理活动倾向于外部:活泼、开朗,感情外露;待人接物果断,独立性强,但比较轻率。

3. 顺从型和独立型

从个体独立性上划分,性格可分为顺从型和独立型。美国心理学家威特金按照个体场依存性的不同,把人分为顺从型(场依存性占优势)和独立型(场独立性占优势)。场依存性是指一个人的独立性程度。顺从型的人独立性差,易受环境暗示,对外界依赖性强,缺乏主见,缺乏果断性。独立型的人处理问题时倾向于内在参照,有坚定的个人信念,自尊、自强、有主见,不易受环境暗示。现实生活中,多数人则处于两个极端类型的中间。

4. 优越型与自卑型

奥地利心理学家阿德勒创立了个体心理学,用精神分析的观点来划分性格类型。阿德勒根据个人竞争性的不同把性格划分为优越型与自卑型。前者争强好胜,不甘落后,总想超过别人;后者甘愿退让,不与人争,缺乏进取心。

5. 斯普兰格性格类型

这种观点是由德国哲学家、教育家斯普兰格提出的。他认为,社会生活有六个基本的领域(理论、经济、权力、社会、审美和宗教),据此,他将人的性格分为六种类型(理论型、经济型、权力型、社会型、审美型和宗教型)。理论型的人对认识客观事物、追求真理有极大的热情,观察事物客观冷静,重视理论,力求把握事物本质,但在解决实际问题时常无能为力。理论家和哲学家属于这种类型。经济型的人一切以经济观念为中心,从实际利益出发评价事物价值,并以追求财富、获取利益为个人生活目的。现实中企业家属于这种类型。权力型的人有强烈的权力意识和权力支配欲,无论对待何事何人,都易表现出对对象的支配倾向,凡是他自己的所作所为总由他自己决定。社会型的人重视社会价值,有献身精神,常以关心、热爱社会为自我实现的目标。这类人大多数都从事社会公益事务,如社会慈善、文教卫生事业等。审美型的人以美为最高人生意义,不大关心实际生活,总是从美的角度来评价事物的价值,以自我完善和自我欣赏为生活目的。艺术家属于这种类型。宗教型的人坚信宗教,有信仰,富有同情心,以慈悲为怀。以爱人爱物为目的的神学家属于这种类型。

性格总是表现出一个人独特的个性特征,并且在一个人的行为中打上烙印。世界上没有两个性格完全相同的人。即使两人的性格同为忠诚、坚定或勤奋,但两者的表现却也不尽相同。

心灵绘画

画出自己和妈妈互动的画面

▲指导语:想象一下平时跟妈妈之间是怎样互动的,把互动的场景和感受画出来。

▲温馨提示:

1. 画完后给作品命名。
2. 用三个关键词描述互动的感受。
3. 你对你和妈妈之间的关系有什么新的发现和认识?

心理效应

刻板效应

刻板效应又称定型效应，是指人们用刻印在自己头脑中的关于某人、某一类人的固定印象作为判断和评价人的依据的心理现象。刻板印象常常是一种偏见，人们往往把某个具体的人看作某类人的典型代表，把对某类人的评价视为对某个人的评价，因而影响正确的判断。人们不仅会对接触过的人产生刻板印象，还会根据一些不是十分真实的间接资料对未接触过的人产生刻板印象。例如，老年人是保守的，年轻人是爱冲动的；北方人是豪爽的，南方人是善于经商的；英国人是保守的，美国人是热情的；农民是质朴的，商人是精明的等。

心理美文

一个篱笆三个桩

俗话说：一个篱笆三个桩，一个好汉三个帮。人生在世，是离不开朋友、少不了朋友的友谊和支持的。可见，如何认识和选择朋友，是十分重要的人生课题。

一般说来，在现实生活中，我们结交如下几类朋友有利于人际关系的健康发展。

(1)挚友。挚友是指恳切、真诚，以感情和原则为基础的真心朋友。

(2)畏友。畏友是指能“道义相砥，过失相规”的朋友，即指朋友之间敢直言规谏、直陈人过、积极开展批评与自我批评的人。畏友像一面镜子，可照出对方脸上的尘土与污点，使其及时发现并予以改正。

(3)密友。密友是指能“缓急与共、生死可托”的朋友，即亲密无间、感情浓厚，能与自己同甘共苦的朋友。

(4)学友。学友是指勤于学习或学识渊博的朋友。交学友可以增长知识、开阔视野、相互配合、取长补短、相互促进、互为鞭策。

如何待友？当我们经过审慎的选择寻找到自己的朋友之后，如何确保彼此关系的和谐而健康地发展是大有讲究和学问的。首先，要以诚相待，诚心诚意。对朋友最怕虚情假意、虚与委蛇。朋友之间允许有各自的隐私，但毫无疑问，是否“无所隐伏”、“隐伏”多少，是衡量友谊深浅的标志。其次，要信守诺言，互信不疑。孔子说：“与朋友交，言而有信。”信，首先是信用，自己说到做到，一诺千金；其次是信任，相信朋友，不无端猜疑。一个信誉不佳的人是交不到朋友的，一个总是疑心别人的人也是很少有人来同你交往的。

任务十七　你说我画

——人际沟通的技巧

模块一　心声坦露

1. 我跟别人聊天时总是不能准确领会别人要表达的意思，也不能让自己专心致志地听，弄得我跟同学关系很不融洽，感觉自己好笨。

2. 数学课上同桌跟我讲话，我对她说别影响我听讲，还用白眼瞟了她一眼，结果同桌跟我生气三天了，我不知如何跟她和好如初。

感觉自己嘴这么笨呢！

3. 自从开学以来，我一直都没有进入学习状态，这次月考也发挥失常，我想找一位同学诉说，可是我却不知向谁开口。

4. 在这个周末，我在街上远远地看见班主任走过来，心里一紧张，我不知说什么好，掉头就跑开了，老师看到一定会很生气吧？

模块二　行动起来

暖身启心智

老虎　猎人　枪

▲暖身介绍:按照猎人拿枪,枪打老虎,老虎吃猎人的顺序展开游戏过程,现在请同学们用夸张的动作表情相互配合来扮演不同的角色。

▲目标:通过本游戏来激发学生的学习热情,顺利进入下一环节。

▲时间:5 分钟。

▲准备:无。

▲操作过程:令词为“老虎、猎人、枪”,两人同时说令词,在说最后一个字的同时做出

一个动作——猎人的动作是双手叉腰；老虎的动作是双手搭在胸前；枪的动作是双手举起呈手枪状。以此动作判定双方输赢，猎人赢枪、枪赢老虎、老虎赢猎人，动作相同则重新开始。这个游戏的乐趣在于双方的动作大，非常滑稽，变化有很多，可以派生很多循环。

▲注意事项：无。

体验助成长

●主题体验一　我说你画

▲体验介绍：第一轮中，一人单向传达画图旨意，其他人倾听并画图；在第二轮中，双方通过沟通后再进行画图。同学们，请来体验单向沟通和双向沟通画图效果的差异吧！

▲目标：让学生学会全局思维、清晰表述、准确回应。同时，学会多角度找原因，主动承担责任。

▲时间：大约 20 分钟。

▲准备：两张样图，每人一张 16 开白纸和一支笔。

▲操作过程：

(1)第一轮请一名同学上台担任传达者，其余人员都作为倾听者，传达者看样图一两分钟，背对全体倾听者，下达画图指令。

(2)倾听者们根据传达者的指令画出样图上的图形，倾听者不许提问。

(3)根据倾听者所画的图，传达者和倾听者谈自己的感受。

(4)第二轮再请一名同学上台，看着样图二，面对倾听者们传达画图指令，允许倾听者不断提问，看看这一轮的效果如何。

(5)请传达者和倾听者谈自己的感受，并比较两轮过程与结果的差异。

▲注意事项：

(1)两张样图基本构成图形一致，但位置关系有所区别。

(2)邀请倾听者谈感受时要选择有代表性的，如画得较准确的和特别离谱的倾听者，这样便于分析出造成不同结果的多种因素，从而找到改进的方向。

●主题体验二　文字游戏

▲体验介绍：请你在规定的时间内在“口”字上添加两笔来凑成一个字，看看哪位同学凑成的字最多，快来一起比拼吧！

▲目标：通过比较独自完成文字游戏和在交流的情况下产生的文字数量，来让大家认识到彼此交流的重要性。

▲时间：15 分钟。

▲准备：白板，笔。

▲操作过程：

(1)主持人在白板上写一个“口”字。

(2)每组需要在“口”字上加两笔来组成一个新字。

(3)每次回答限时 3 秒，超时或答错的淘汰。

(4)剩到最后一组则为胜利者。

▲注意事项：无。

模块三　心理加油站

心理加油站：天堂与地狱

扫一扫：天堂与地狱。

模块四　心理知识拓展

心理知识

一、沟通的含义

沟通是为了一个设定的目标，把信息、思想和情感在个人或群体间传递开来，并达成共同协议的过程，目的是增进人与人之间的交流，传达真正的爱。

二、沟通的分类

1. 语言沟通

语言沟通是人类特有的一种非常好的、有效的沟通方式。语言包括口头语言、书面语言、图片或者图形。口头语言包括面对面的谈话、开会等；书面语言包括信函、广告和传真，以及 E-mail 等；图片包括一些幻灯片和电影等。这些都统称为沟通的语言。在沟通过程中，语言沟通更有利于信息的传递。

2. 肢体语言的沟通

肢体语言包括动作、表情、眼神。实际上，在我们的声音里也包含着非常丰富的肢体语言。我们说每一句话的时候，用什么样的音色去说，用什么样的声调去说，都是肢体语言的一部分。肢体语言更有利于人与人之间的思想和情感的沟通。

三、沟通的过程

人脑沟通时执行三项基本的任务，其中两项是吸取和加工大脑接收的材料，第三项就是把材料加工生产成连贯而有意义的思想。

1. 吸收印象

见到、听到和感觉到的材料根据人们独特的偏好被大脑作为图画、词语或声音吸收并存储起来。对某些人而言，视觉形象能产生最大的冲击，而对其他人而言则可能是言语、声音或触觉最重要。

2. 加工思想

不同类型的输入材料储存在大脑的不同“记忆库”里，并且为了能生产出思想，各部分必须相互协作。大脑这种找出备选信息并进行必要关联的功能是非常重要的。

3. 生产语言

为了把思想转变成语言传输出去，必须生产出一种用以表达的设施。这涉及给物体命名、寻找动词并且把名词和动词组装起来，以便形成互为关联的句子。因此，要说出“猫儿蹲在垫子上”这样一句话，大脑的三个部分必须同时协调运作。

四、良好沟通应避免的错误

1. 沟通不当的标记

下面这些话你一定不会陌生：“如果你的意思正是这样，那又为何不这么说?”而通常这些话你根本就不会说出口，只是以皱眉或叹息的形式表达出来。不能正确表达自己的意思，沟通没有注意自己的沟通方式、沟通环境，从这一点可以看出，沟通的内容与接受的内容并非只字不差，因此，想办法填补两者之间的鸿沟是至关重要的。

2. 没有正确地阐述信息

不能对沟通的内容进行清晰而有逻辑的思考。例如，当要表达“我们需要些信封”

时却说“信封用完了”。这样的表达未能有效表达自己的需求和意愿，也就不能获得对方的全部注意力和理解。例如，该用通俗的口语时，却用了晦涩拗口的学术语。如果你的信息没有得到清晰的表达，它便不能被聆听者正确地理解和加工，有效的沟通便无从谈起。

3. 给人以错误的印象

(1)外表。着装时不拘礼节，表明你要么对交流沟通的另一方漠不关心，要么你想先声夺人。随意的牛仔裤和轻便的运动鞋与笔挺气派的西装给人以截然不同的印象。着装风格应与场合相适宜，否则会给人以完全错误的信息。

(2)措辞。不假思索地使用乡言俚语会得罪他人，也会扭曲信息。举个例子来说，私下里把顾客或主顾叫作“伙计”似乎给人以一种哥们义气的感觉，但这也不知不觉地传达出对别人的轻慢。

(3)拖沓。不准时赴约表明你不重视别人。如果某人守时，别人就会认为他是个有心人，把别人放在心上；但如果某人总是迟到，就会给人这样的印象，即沟通的内容是不重要的。

4. 没有恰当地聆听

即使你说话时人们在干些其他事，如看报，或者转着手上的笔，他们也会告诉你，他们在听你说话。但是，如果听者没有按你的要求行事，你就有理由怀疑，认为他们根本就没有把你的话听进去，因为他们把“听”和“听进去”混为一谈了。

如果人们没有聆听，有可能只听到只言片语，错失至关重要的信息，却反把这些当作全部了。有些话可能被听到并进行了加工，但不会照单全收进入他们意识的深处。

很明显，如果人们没有用心聆听信息或注意别人说话的内容，他们是很难记住的。如果没有适当地汲取别人说话的内容，产生错误理解的可能性就大了。

五、有效沟通的技巧

1. 倾听技巧

倾听能鼓励他人倾吐他们的状况与问题，而这种方法能协助他们找出解决问题的方法。倾听技巧是有效沟通的关键，而它需要相当的耐心与全神贯注。倾听技巧由四个技巧组成，分别是鼓励、询问、反应与复述。

2. 气氛控制技巧

安全而和谐的气氛，能使对方更愿意沟通。如果沟通双方彼此猜忌、批评或恶意中伤，将使气氛紧张，加速彼此心理设防，使沟通中断或无效。

3. 推动技巧

推动技巧可用来影响他人的行为，使其逐渐符合我们的议题。有效运用推动技巧的关键在于以明白、具体的积极态度，让对方在毫无怀疑的情况下接受你的意见，并觉得受到激励，想完成工作。推动技巧由四个技巧组成，分别是回馈、提议、推论与增强。

4. 积极反馈技巧

对于一个完整的、有效的沟通来说，仅仅有“表达”和“倾听”这两个环节是不够的，还必须有反馈，即信息的接收者在接收信息的过程中或过程后，及时地回应对方，以便澄清“表达”和“倾听”过程中可能出现的误解和失真。

(1)如何给予反馈。反馈要站在对方的立场、角度和需求之上，针对对方最为需要的方面给予反馈。反馈要具体、明确，反馈要有建设性。

(2)如何接受反馈。在接受反馈时应该做到以下几点:耐心倾听,不打断;避免"自卫";表明态度;澄清异议。

只有掌握了有效沟通的技巧,才能使你在学习、生活中游刃有余,达到事半功倍的效果。

心灵绘画

心灵涂鸦

▲指导语:请在 A4 纸上随意画画,头脑中呈现什么画面就画什么画面。

▲温馨提示:

1. 画完后给作品命名。
2. 这幅画给自己带来了哪些启示?
3. 写一段话描述这幅画。

心理效应

晕轮效应

晕轮效应又称光环效应、以点概面效应,它是一种影响人际知觉的因素,指在人际知觉中所形成的以点概面或以偏概全的主观印象。

晕轮效应是在人际相互作用过程中形成的一种夸大的社会现象,正如日、月的光辉,在云雾的作用下扩大到四周,形成一种光环作用,常表现在一个人对另一个人的最初印象决定了他的总体看法,而看不准对方的真实品质。有时候晕轮效应也会对人际关系产生积极作用,比如你对人诚恳,那么即便你能力较差,别人对你也会非常信任,因为对方只看见你的诚恳。晕轮效应的最大弊端就在于以偏概全。

心理美文

沟通改变命运

漫画家朱德庸说:"沟通不是为了进步,而是为了让别人退一步;沟通的目的,有时不是为了相互了解,而是为了搞清楚谁才是老大。"虽是调侃,但有智慧。

有两位中国留学生到美国哈佛大学深造,两人在国内都是高才生。到了美国后,他们在语言上遇到了麻烦,两人被邀请参加美国学生的聚会,美国人之间的交谈,他们听不明白。其中一位心生怯意,不愿再参加这样的聚会,而选择中国学生之间的聚会;而另一位留学生不这么看,他觉得到美国来并不是简单地学知识的,如果与美国同学打成一片,这些美国同学将是他宝贵的财富。他经常参加美国同学的聚会,也努力表达自己的思想,虽然他的语言让美国同学听起来生硬,但他们都觉得这个中国学生与众不同,乐意把他当成朋友。不久,他便与美国同学融合在了一起,不仅语言方面有了突破,后来还当选为学生会副主席。

我们看一些成功者,往往只看到他们光辉的奋斗史。但如果冷静地分析一个个成功的样本则会发现,凡是成功者都有自己的一套与人沟通的本领。他们总是不断地推介自己,让别人了解自己、接纳自己。

原先有人说“知识改变命运”，现在有人认为“沟通改变命运”，这是一个不小的进步。其实沟通能力根植于文化，是需要进行潜移默化熏陶的。怎么与人沟通、与社会沟通，需要文化熏陶，更需要长期积淀。

表达自己，沟通别人，看似一件平常事，实则受制于多种因素。在这个人人都是发声器的传播时代里，“沟通者成大业”，越来越被人们所认同。

任务十八 信任之旅

——如何建立人际信任

模块一 心声坦露

1. 到中职学校住校后，班级同学的手机曾经被偷，后来我就非常担心自己的手机也被偷，对同学产生了不信任感。

2. 上周末我与班级内另一名同学去网吧打游戏，不巧被邻班的王同学看见，虽然他答应我们，不会告知班主任，但是我还是非常担心，很怕王同学不守信用。

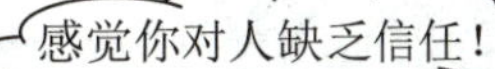

3. 我来自农村，从小父母离异，与爷爷奶奶一起生活，不知道是性格原因，还是家庭因素的影响，在这个世界上我不相信他人，只觉得自己才是可信可靠的。

4. 前几天因为一点小事与同桌吵起来了，我知道是自己的错，随后便向她道歉，她很不在意地说没关系，我好担心她真的生气，从而影响我们的友谊。

模块二　行动起来

暖身启心智

问 题 接 龙

▲暖身介绍：下面的问题接龙主要是考验大家的记忆力和忠实程度，大家会感觉很开心、很有趣，大家一起来参与吧！

▲目标：考验大家的记忆力和忠实程度、活跃气氛。

▲时间：5 分钟。

▲准备：无。

▲操作过程：

(1) 大家先围成圆圈，报数，奇数的同学回答以下三个问题：说出自己最喜欢的交通工具；说出自己最喜欢的动物；说出自己最喜欢的口头禅。

暖身体验：问题接龙

(2) 偶数的同学将刚才相邻奇数同学的答案连成一句话，这句话是这样的；我乘坐着最喜欢的××(交通工具)，遇见了最爱的××(动物)，我对××(动物)说我爱你，××(动物)说××(口头禅)。

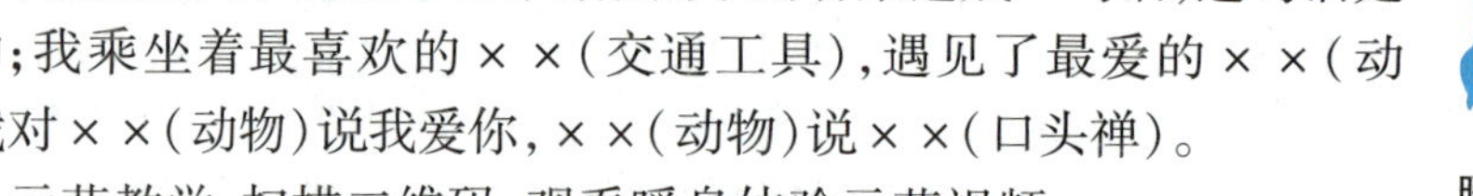

▲示范教学：扫描二维码，观看暖身体验示范视频。

▲注意事项：无。

体验助成长

●主题体验一　信任坐

▲体验介绍：大家面向同侧站立，即后一位同学的前胸紧贴着前一位同学的后背，随着口令，前一位同学缓缓地坐在后一位同学的腿上。

▲目标：通过游戏体验信任他人的力量，学会在合作中信任他人。

▲时间：20 分钟。

▲准备：无。

▲操作程序：

(1) 每班同学分成男女两组，每组同学围成一个圈。

(2) 每位同学将双手放在前面一位同学的双肩上(前胸贴后背)。

(3) 听从老师的指令，每位同学缓缓地坐在身后同学的腿上。

(4) 坐下后，让学生分别坚持 10 秒、30 秒、60 秒。

(5) 以男女小组竞赛的形式进行，看看哪个小组可以坚持最长时间不松垮(大声喊出班级的口号)。

(6) 分享讨论：通过这样的游戏你认为大家彼此间的关系会有什么变化？活动中你会怎么想或怎么做才会相信别人能够安全地支持你？

▲注意事项：无。

●主题体验二　盲人旅行

▲体验介绍：在茫茫人海之中，有谁能与你同行、与你分担忧愁、与你分享快乐？不妨去

找一找,体验一下自助与他助、信任与被信任、爱与被爱的幸福与快乐。

▲目标:

(1)通过“盲人”与“拐棍”角色的体验,让学生理解自助与他助同等重要。

(2)让学生感受信任与被信任、爱与被爱的幸福与快乐。

▲时间:大约25分钟。

▲准备:背景音乐,每人一只眼罩,设计复杂的盲道。

▲操作过程:

(1)在背景音乐声中,每个人戴上眼罩扮演一个盲人,先在室内独自一人穿越障碍旅程,体验盲人的无助、艰辛,甚至恐惧。

(2)所有学生中一半人继续扮演盲人,另一半人扮演帮助盲人的“拐棍”,由“拐棍”帮助盲人完成室外有障碍的旅行,完成后交换角色重新体验。

(3)所有学生均扮演盲人,并且两个盲人相互帮助到室外走过一段障碍旅程。

(4)同学间交流在不同情况下扮演不同角色的感受。

▲注意事项:

(1)“盲人”旅行过程中不允许用语言交流。

(2)设计的障碍旅程,应该有跨越、钻圈、下蹲、上攀、独木桥、上下楼等多种障碍。

模块三　心理加油站

心理加油站:沙漠同行

扫一扫:沙漠同行。

模块四　心理知识拓展

心理知识

一、人际信任的含义

人际信任是罗特(J. B. Rotter)最早在社会学理论中所提出的概念,是指个体在人际互动过程中建立起来的对交往对象的言辞、承诺以及书面或口头陈述的可靠程度的一种概括化期望。简单来讲,就是“放心”,不必提心吊胆,担心对方不会按照自己的期望或托付而为自己做事。

巴尼(Barney)和汉森(Hansen)将信任分为三种类型:弱式信任、半强式信任和强式信任。

社会心理学家韦伯将信任分为两类:普遍信任和特殊信任。特殊信任的对象只包括有血缘或裙带关系的人,普遍信任的对象则扩展至拥有相同信仰的所有人。

巴伯(Barber)将信任视为一种通过社会交往所习得和确定的预期。他将信任分为三种:第一种信任是最一般性的一种预期,是对自然的及道德的社会秩序能坚持并履行的信心;第二种信任是相信对那些有人际关系及社会制度角色往来的人能够有称职表现的信心;第三种信任则是预期那些与自己往来的人能彻底承担他所被托付的责任及义务,也就是在必要时能为他人的利益而牺牲自己的利益。

二、人际信任的特点

人际信任具有脆弱性。也就是说，建立信任不容易，但是破坏信任却比较容易，这主要与个体的认知判断状况有关。在人们的认知判断体系中，当人们综合破坏信任和巩固信任的信息时，往往对负面信息有深刻的印象，而正面的信息所占比例较小。对人不信任的态度有：对他人缺乏信心，认为他人不是真正关心别人的利益，他人怀有敌意。怀疑则是不信任态度的核心认知成分，是一种总以对抗性、负面的假设方式评估他人行为动机的心理状态。

三、影响人际信任的因素

1. 自我概念

自我概念是指个人对自己的看法，如觉得自己是美丽、聪明的或害羞、没有指望的，不论这些看法是否正确、是否与别人的看法一致，都将影响个人以后的行为和生活，也会影响个人和他人的关系。

2. 自我坦诚

人际关系只有在人与人之间发生关联之后才能产生，因此除了对自己、对别人有一个适当的概念之外，还需进一步地开始与人互动，经由彼此的自我坦诚，让对方知道你，让你知道对方。经过自我坦诚，我们才能与别人进行有效的沟通。

3. 个人特质

（1）真诚。人们喜欢以真心待人的人，不喜欢富有心机、欺骗和算计别人的人。

（2）温暖。一个亲切、温和、面带微笑的人通常比一个冷淡、漠然、面无表情的人更让人乐于亲近。

（3）能力。我们通常喜欢聪明、有能力或有才能的人，主要原因是跟有能力的人在一起，对我们比较有利。他们可能帮我们解决问题，想出新点子，让生活更有趣、更容易等。

（4）外表吸引力。研究发现，在其他条件都相似的情况下，一个外表较具吸引力的人，比外表较不具吸引力的人更受人喜爱。

（5）其他令人愉快的人格特质。拥有开朗、心地善良、不自私、关怀体贴等特质的人也较令人喜爱。

4. 两人间的情境因素

（1）接近性。人际关系的发展是以接触为基础的，只有彼此相当接近，才能在需要的时候适时地提供支持和帮助，维持感情。接近性使人们彼此接触的机会增加，熟悉的可能性增加，因而导致吸引。

（2）熟悉性。熟悉可以减少我们之间的不确定性，使我们较为安心。

5. 两人特质之间的关系

（1）相似性。彼此之间态度、价值观以及人格特质的相似性是影响友谊的重要因素。

（2）互补性。需求上的互补，即一方所需要的正是另一方所能提供的，或一方所缺少的正是另一方所具备的，也都可能导致彼此间的吸引。

四、如何增进彼此的信任

1. 要有一颗信任别人的心

信任他人是高尚的，而被人信任是幸福的。信任是大到整个社会、小至人际关系能够良性运行的必要条件。没有信任，整个社会的良性运行系统就会被打破，人际关系就难以理顺。缺少信任和理解的社会是可怕的社会，一如遇到不慎跌倒的老人，没有人敢出手相扶的尴尬境地。因此，作为一个社会公民，我们有必要深思增进信任、促进理解这样一个命题。

2. 实事求是，无愧于心

要想获得别人的信任，只有尊重事实，承认事实，不扭曲、不歪曲事实，才能取信于人。

3. 合作共赢，换位思考

当今社会是一个高度融合与竞争的社会，既要竞争又要合作，合作与竞争并存。通过合作可以相互取长补短，提升综合竞争力，从而实现共赢。

4. 沟通到位，制度保障

没有良好的沟通，不仅很难获得彼此的信任与理解，甚至在某种情况下会酿成悲剧。在沟通过程中，需要说什么、怎么说、什么时间说、什么地点说、对谁说都要事先考虑清楚，考虑清楚才会最大可能地说清楚，说清楚了才会让别人最大可能地理解。

最后，信任与理解作为一种高尚的情感体验，我们每个人都有权利渴求和获得，也有义务去增进与维护。

心灵绘画

画“×”线添加图

▲指导语：在 A4 纸中间画一个“×”线，纸的四周要留有空白，然后在“×”线上下左右四个区域添加你想到的任何内容，此刻你想到什么就添加什么，最后完成一幅画。

▲温馨提示：

1. 画完后给作品命名。
2. 用一段文字进行简短的描述。

心理效应

皮格马利翁效应

皮格马利翁效应也称“罗森塔尔效应”或“期待效应”，由美国著名心理学家罗森塔尔和雅各布森在小学教学上予以验证提出，指人们基于对某种情境的知觉而形成的期望或预言，会使该情境产生适应这一期望或预言的效应。

更通俗地说，皮格马利翁效应是指热切的期望与赞美能够产生奇迹：期望者通过一种强烈的心理暗示，使被期望者的行为达到他的预期要求。你期望什么，你就会得到什么，你得到的不是你想要的，而是你期待的。只要充满自信地期待，只要真的相信事情会顺利进行，事情就一定会顺利进行。相反地，如果你相信事情不断地受到阻力，这些阻力就会产生。成功的人都会培养出充满自信的态度，相信好的事情一定会发生。

心理美文

被信任是一种幸福

一艘货轮在烟波浩渺的大西洋上行驶。一个在船尾做勤杂的小孩不慎掉进了波涛滚滚的大西洋。孩子大喊救命,无奈风大浪急,船上的人谁也没听见,他眼睁睁地看着货轮越来越远……

求生的本能使孩子在冰冷的海水里拼命地游,他用全身的力气挥动着瘦小的双臂,努力把头探出水面,睁大眼睛盯着轮船远去的方向。船越走越远,船身越来越小,到后来,什么都看不见了,只剩下一望无际的汪洋。孩子的力气也快用完了,实在游不动了,他觉得自己要沉下去了。放弃吧,他对自己说。这时候,他想起了老船长那慈祥的脸和友善的眼神。不,船长知道我掉到海里后,一定会来救我的!想到这里,孩子鼓足勇气用最后的力气又朝前游去……船长终于发现那个孩子失踪了,当他断定孩子是掉进海里后,便下令返航。这时,有人规劝:"这么长时间了,就是没有被淹没,也让鲨鱼吃了……"船长犹豫了一下,还是决定回去找。

终于,在那孩子就要沉下去的最后一刻,船长赶到了,救起了孩子。当孩子苏醒后,跪在地上感谢船长的救命之恩时,船长扶起孩子问:"孩子,你怎么能坚持这么长时间?"孩子回答:"我知道您会来救我的,一定会的!""你怎么知道我一定会来救你?""因为我知道您是那样的人!"听到这里,白发苍苍的船长"扑通"一声跪在孩子面前,泪流满面:"孩子,不是我救了你,而是你救了我啊!我为我在那一刻的犹豫而感到耻辱……"

一个人能被他人相信是一种幸福。他人在绝望时想起你,相信你会给予拯救更是一种幸福。

第六单元　树立正确的恋爱观

任务十九　导航青春之旅

——青春期的男生和女生

模块一　心声坦露

1. 我是一名来自农村的男生，上了职业学校后，学习很努力，专业技能也很好，但是最近心里有点烦。我发现隔壁班的晓丽活泼开朗，她的一举一动让我非常痴迷，晚上辗转反侧，她的形象总是浮现在眼前，这是不是传说中的爱情，我是否要勇敢追求她呢？

2. 我是来自小城镇的一名女生，很小的时候爸爸、妈妈就离婚了，我是在爷爷、奶奶家里长大的，感觉内心很孤单，特别希望找到心仪的男朋友关心我、爱护我，但是不知道怎样让他走进我的生活。

为情所困的男孩和女孩！

3. 我学的是电梯专业，班里全是男生，特别渴望有女生出现，非常希望老师创造一些与女生接触的活动。

4. 我是一名男生，升入职业学校后，学习压力不是很大，身体上的急剧变化有时让我感到莫名的烦恼，不知该怎么办。

模块二　行动起来

暖身启心智

类别尽数

▲暖身介绍：在今天的正式活动开始之前，我们先做一个暖身活动，让大家放松心情，下面让我们来体验吧！

▲时间：5 分钟。

▲准备：无。

▲操作过程：

(1)让全班同学围成一个大圈。

(2)请一位同学说一个类别的词语，如“水果”，然后从心理课代表开始说一种水果，如“香蕉”，并拍手，拍几下，中间就隔几位同学不说话(由拍手的次数决定间隔人数，如拍手 3 下，那么接下来隔 3 位同学不说话)。

(3)下一位同学站起来再说一种水果，再拍几下手，中间隔几位同学不说话，下一位同学站起来接着说水果，直到全班最后一位同学。

(4)轮到但没站起来的同学要做一个小小的“补偿”，在班里找一位异性同学，与他/她握手或拥抱，说说相互鼓励的话。

暖身体验：类别尽数

▲示范教学：扫描二维码，观看暖身体验示范视频。

▲注意事项：无。

体验助成长

●主题体验一　寻找 TA

▲体验介绍：每位同学都希望有知心的异性朋友，看看你在班级中跟谁是有缘人，赶快来寻找吧！

▲目标：给同学创造与异性朋友深入交流的机会。

▲时间：5 分钟。

▲准备：盒子，撕开的不规则的图片。

▲操作过程：

(1)准备一些被撕开的、不一样的图片，折好，放在一个盒子里。让男生、女生都取一张，然后展开，请能拼成一张图片的同学坐在一起。

(2)请坐在一起的两位同学说一说自己此时的感受。

▲注意事项：注意了解性格内向同学的情绪和感受。

● 主题体验二　编织美丽之花

▲体验介绍:正处于花季的你们,心中都有对异性的朦朦胧胧的印象,他/她到底是怎样的,让大家一起来发现吧!

▲目标:通过男生、女生自我形象的探讨,体验什么是良好的少男少女自我形象,从而调整自己的行为,增强男生、女生间的沟通。

▲时间:30 分钟左右。

▲准备:一盒彩笔,每人 10 张树叶状的纸片,一张树状纸板图。

▲操作过程:

(1)让成员在事先准备好的 5 片树叶状纸片上写上自己最喜欢的异性形象与行为特征,一片纸上写一个特征。

(2)让成员在写好后将这些纸片贴到准备好的树状纸板图上。

(3)让成员说一说贴到树上的自己喜欢的异性的特征。

(4)男生代表总结男生最喜欢的女生的 5 个特征,请每位女生将这 5 个特征写到剩余的 5 片树叶上,并贴在另一面。

(5)女生代表总结女生最喜欢的男生的 5 个特征,请每位男生将这 5 个特征写到剩余的 5 片树叶上,并贴在另一面。

(6)同学反思自己的行为,还有什么需要改进的。

▲注意事项:注意了解性格内向同学的情绪和感受。

模块三　心理加油站

心理加油站:无怨的青春

扫一扫:无怨的青春。

模块四　心理知识拓展

心理知识

一、恋爱的有关知识

恋爱是指一对异性之间产生强烈的喜欢、爱慕,发生爱情、建立爱情关系直到结婚的过程。这是恋爱发展的一般规律。

青春期是指人体从童年向成年过渡的人生关键时期,一般是 10 ~ 18 岁。在这一时期,人的生理和心理都会发生显著的变化。青春期又分为三个阶段:青春前期(10 ~ 12 岁)、青春中期(13 ~ 15 岁)、青春后期(16 ~ 18 岁)。

二、中职生产生恋情的生理基础

中职生在生理上正处于青春后期,第二性征发育成熟至生殖功能完全成熟,接近成年人的特征,此时中职生在生理上具有以下特征。

1. 身高和体重的增长

处于青春后期的中职生,女生身高和体重的增长速度减缓,男生身高和体重的增长速度快于女生。青春前期,同龄女孩的身高和体重增长速度比男生快,到了青春后期,男生的身高和体重的增长速度领先。此时男生体格较大、肩膀较宽、腿和前臂较长，而女生则骨盆较宽、皮下脂肪较厚，看起来比较圆润。

2. 各器官生理机能逐步完善

中职生经历了中考等重大的社会实践活动，到了中职学校以后，脑和神经系统的功能不断地趋于完善，心肺功能日渐增强，内分泌系统机能日益完善，体能不断提高，运动和活动能力大大增强，他们的体貌特征开始接近成人，他们的机能发育也开始走向成熟。

3. 性发育迅速成熟

男性的第一性征为阴茎、睾丸、前列腺和精囊，女性的第一性征为子宫、卵巢和阴道。男性的第二性征主要表现为体格高大、肌肉发达、喉结突出、声音低沉、唇部长出胡须、周身出现多而密的汗毛、长出腋毛和阴毛等；女生的第二性征主要表现为皮肤细腻、乳房隆起、骨盆宽大、臀部变大、体态丰满、长出腋毛和阴毛等。第二性征的出现，使男生和女生在体貌特征上的差异突出出来。由于性发育的成熟，在青春前期男生就有了遗精现象，女生就有了月经初潮；到青春后期，男生遗精现象和女生的月经已经有规律，并被他们自身所接纳，不再是困扰他们的主要问题，这意味着此时男生和女生的性发育已经成熟。

三、中职生产生恋情的心理因素

心理因素是中职生产生恋爱问题的内在动因。中职生生理上的成熟必然会影响其心理的发展，使他们获得一种成人感，对异性产生好奇心并向往与异性交往。在中职生中，与异性交往主要有以下几种心态。

1. 对异性的仰慕

"窈窕淑女，君子好逑。"从心理学的角度讲，人类在青春期会很自然地表现出对异性的渴望、仰慕和关心，尤其是对外表出色的异性，很容易产生好感，从而产生接近、亲近的冲动，并在条件允许的情况下转化为恋情，它标志着学生身心的健康、人格的健全，是人生成长的正常表现。

2. 孤独、寂寞

中职生多为住校生，现在的独生子女多数都缺乏安全感，感到很孤单、寂寞，到了一个新的环境，心里话很难找到一个知心的倾诉对象。为了寻求安慰和寄托，便想寻找一个异性朋友来陪伴，获得一些慰藉。

3. 盲目攀比

很多青春期的学生爱赶时髦、攀比心重，觉得自己的异性朋友越多越有面子，为了面子，也要处个对象。

4. 对家长和老师教育的逆反

有些学生的"恋爱"是被某些老师、家长或其他同学"逼"出来的。常有一些老师和家长看见异性学生在一起或有来往，便不问青红皂白，将"早恋"的帽子扣在两人的头上。而实际上，他们并非真的在谈恋爱，但他们受不了老师和家长的训斥、同学们的讥笑，只好两个人"团结"起来，形成真的"恋爱"关系。

5. 家庭关爱缺失

有一些中职生缺少家庭关爱或家庭关爱不适当，如父母离异；父母忙于工作或生意，对孩子基本不问不管；父母虽然对孩子很严厉，但教育方法简单粗暴等。由此可见，家庭关爱的缺失是孩子寻找异性关爱、进行早恋的重要因素。

6. 学业压力较轻

职业学校的功课虽然并不轻松，但由于缺少了中考、高考这样的强力“指挥棒”，部分学生不能深切地体会学习的重要性，且受其自身学习习惯、自控能力等因素的影响，他们也不懂得怎样去全身心地学习专业知识和实践技能，这就促使他们把大量的时间和精力转移到了其他方面，比如谈恋爱、上网等。

7. 人生目标迷失

进入职业学校后，有一部分学生会感到痛苦、迷惘，不知道人生的路该何去何从。在这样的心态下，得过且过就成了他们的选择，而打发无聊时光的有效办法就是“找个人来爱”。

四、中职生恋情的特点

1. 自主性强

中职生在恋爱问题上，个性突出，重感情、易冲动，不受传统习俗的局限。

2. 动机简单化

许多中职生在恋爱过程中没有考虑到婚姻，他们恋爱只是因为爱和被爱的需要。

3. 耐挫力弱

中职生陷入恋爱之中以后，往往不善于控制自己的情感，任感情随意放纵，缺乏理智的驾驭能力，对恋爱对象过分依赖，稍有波折就痛苦万分。一旦恋爱受挫，即会情绪失控，无法自拔，对学习和生活造成很大影响。

4. 不稳定性

当前中职生谈恋爱，往往重外表、轻内在；在恋爱方式上，往往重形式、轻内容；在恋爱行为中，往往重过程、轻结果，重享乐、轻责任。这种恋爱问题上的不成熟性，加之他们在就学期间经济上尚未独立，在恋爱过程中感情和思想易变，缺乏妥善处理恋爱中情感纠葛的能力，极易造成恋爱的周期性中断，或对恋爱对象的选择举棋不定。

5. 盲目性

中职生谈恋爱，有的只是为了排遣内心的烦闷与孤独，有的是为了面子（如认为别人都在谈恋爱而自己没谈就很没面子），也有的同学只是为了好玩和好奇，还有的甚至是为了炫耀，一旦达到目的就见异思迁、草草收场，根本不是为了真正的恋爱甚至婚姻。这种盲目性常常使他们的恋爱没有方向，甚至走入误区，最后对彼此都造成一定的影响。

6. 偏激性

中职生恋爱在遇到波折（如对方感情转移、争吵、分离等情况）时，易产生偏激行为（如恶性报复、离家出走、患忧郁症，甚至自暴自弃、自杀等）。再加之中职生恋爱发于青春期，是心理的躁动时期，此时被一种朦胧的性爱意识所主导，且由于中职生缺乏必要的性知识和理智，自我约束力也比较弱，双方一旦失去理智，则极有可能超越防线，初尝禁果，发生性关系，更难以承担这种关系造成的怀孕、堕胎的严重后果。这与中职生心理不成熟、情感不稳定、行为缺乏自控性有关。

7. 准成人性

中职生的一般年龄在15～18岁，他们处于准成人阶段，男女学生之间的来往、“练爱”，是成人恋爱的热身活动，这种恋爱是学生成长、成熟的标志。

五、中职生如何建立积极向上、健康发展的异性关系

1. 自然交往

在与异性交往的过程中，言语、表情、行为举止、情感流露及所思所想要做到自然、顺畅，既不过分夸张，也不闪烁其词；既不盲目冲动，也不矫揉造作。消除异性交往中的不自然感是建立正常异性关系的前提。自然原则的最好体现是，像对待同性同学那样对待异性同学，像建立同性关系那样建立异性关系，像进行同性交往那样进行异性交往。同学关系不要因为异性因素而变得不舒服或不自然。

2. 适度交往

异性交往的程度和方式要恰到好处，应为大多数人所接受。既不为异性交往过早地萌动爱意，又不因回避或拒绝异性而对交往双方造成心灵伤害。当然，要做到为大多数人所接受有时也并不容易，只要做到自然适度、心中无愧就好，不必有过多顾虑。

3. 真实坦诚

这是指异性交往的态度问题，要像结交同性朋友那样结交真朋友。

4. 留有余地

虽然是结交知心朋友，但是在与异性交往的过程中，所言所行要留有余地，不能毫无顾忌。比如谈话中涉及两性之间的一些敏感话题时要回避，交往中的身体接触要有分寸等。特别是在与某位异性的长期交往中，要注意把握好双方关系的程度。

心灵绘画

画心目中的TA

▲指导语：有些同学有了心目中理想的另一半的形象，请画出心目中理想的他/她的形象。

▲温馨提示：

1. 画完后给作品命名。
2. 用三个关键词描述该作品。
3. 你对你心目中的另一半有哪些新的认识和发现？

心理效应

契可尼效应——为什么初恋最难忘？

西方心理学家契可尼做了许多有趣的试验，发现一般人对已完成的、已有结果的事情极易忘怀，而对中断的、未完成的、未达目标的事情却总是记忆犹新。这种现象被称为“契可尼效应”。心理学家曾做过这样的实验：他们邀请了32位被测试者参与实验，要求被测试者每人都试做20件指定的工作。其中半数工作不对其进行任何干扰，允许被测试者自行完成，另外半数工作则中途加以阻止，让被测试者完不成。实验结果表明，被测试者对未完成工作的回忆要优于对已完成工作的回忆。

人们经常将契可尼效应与初恋联系在一起。初恋是爱情交响曲中的第一乐章，我们总在不知不觉的好感和朦胧的不确定性中接触第一个所爱的人，希望能与对方长久地待在一起，这是大多数人初恋的心态。但是初恋，毕竟是恋爱的起步，有试验的性质，它来得容易去得也快。尽管如此，初恋的感觉仍旧令人回味无穷甚至刻骨铭心。因为初恋的对象留给自己的印象是非常深刻的，这一最先的印象会直接影响到我们以后的一系列恋爱行为。由于我们把初恋看成是一种“未能完成的、不成功的”事件，它的未完成反而更使人难以忘怀。同样，在未获成果的初恋中，我们和初恋情人一起度过的美好时光，大多会深深地印入我们的脑海，使我们一生都难以忘却。初恋之所以令人刻骨铭心，正是源于初恋的未完成性。

心理美文

爱，是一次心灵之旅

不知道在哪一天……走过寂寞的路口，发现你熟悉的眼眸，我放弃了孤独的权利；走过艰难的时候，握紧你温暖的双手，我找回了迷失的勇气；走过失败的关口，伴着你坚定的拳头，我发现了成功的能力；不想说谢谢你，只想好好爱你！爱，是一次心灵之旅，在这漫漫无期的旅途中，没有航标，没有灯塔，心灵便是我们唯一的导航。不是每一段爱情都可以勇敢去追，因为不是每段感情都能有个美好的结尾。如果注定不能修成正果，不如把它埋藏心底，独自沉醉。

生命累了，我在天堂等你；我们老了，我在来生等你，遇见的一部分叫作缘分，另一部分，我们叫它劫数，有命中注定就有在劫难逃。真正的爱情是一种精心呵护，它像植物一样，需要浇水照料，不然就会枯萎死亡。所以想要拥有矢志不渝的爱情，就要像照顾你的花草一样去精心照料和呵护。

当一切都已成风，我依然在此等候；当世界都已改变，我依然坚持最初。谁叫我是这个世界上最傻的人，只知道要对自己喜欢的人好。有多少人，明明分手了，却还爱着；有多少人，明明还爱着，却说放下了；有多少人，明明难过，却还微笑着说我很好。我是今生的水，你是前世的茶，用今生的水来泡一杯前世的茶，透明的茶杯里，沉淀的是前世的情，沸腾的是今生的爱，这味道就叫作：缘分。

任务二十　穿越眼前的朦胧

——爱的真谛

模块一　心声坦露

1. 周围有的同学有了异性朋友，最初在一起感觉很开心，但过不了多久，就开始分分合合地闹矛盾，弄得彼此都很痛苦，因此对爱情产生了怀疑，什么是真正的爱情呢？

2. 放寒假期间，遇上了初中时的女同学，一段时间没见，发现她已经变得白净、漂亮，之后她的形象总是在脑海中浮现。一天我终于鼓起勇气向她表白，但遭到了她的拒绝，我很没面子，难道我没有喜欢她的权利吗？

走出二人世界的小圈子！

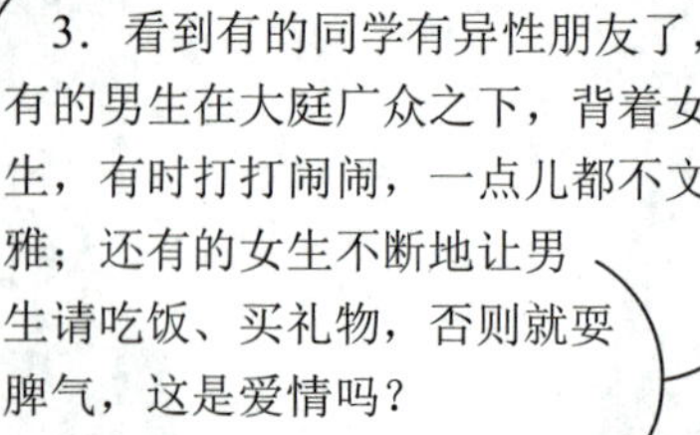

3. 看到有的同学有异性朋友了，有的男生在大庭广众之下，背着女生，有时打打闹闹，一点儿都不文雅；还有的女生不断地让男生请吃饭、买礼物，否则就要脾气，这是爱情吗？

4. 我是一名中职学校的女生，我心目中的好男生要有责任感，身体健康，幽默、有上进心，但是不知男生喜欢什么样的女生、有什么样的爱情价值观。

模块二　行动起来

暖身启心智

夹　气　球

▲暖身介绍：很多同学都踩过气球，体验过那种紧张和刺激的感觉，你有没有体验过两

人用身体的不同部位来夹气球，直到夹破为止？让我们来体验吧！

▲目标：共同完成一个任务，增强同学之间的亲近感。

▲时间：5 分钟。

▲准备：气球，用写有一些身体部位的小卡片制成的签。

▲操作过程：

(1)两个人一组，每组发一个气球。

(2)每位同学都要抽签，签上写有一些身体部位，比如肩膀、腰、三个手指、右手、后背等。

(3)各小组以抽到的签上写的身体部位夹住气球(例如：A 抽到肩膀、B 抽到大拇指，则需要 A 用一边肩膀，B 用一个大拇指一起夹住气球)。

(4)指令者发出指令后，各小组夹住气球，直到夹破为止，在此过程中小组成员不得用其他部位辅助，只能用所规定部位两人合力一起把气球夹破。

▲注意事项：无。

体验助成长

●主题体验一　爱情七彩石

▲体验介绍：你对自己的血型、星座了解吗？你对自己的性格特质和爱情期待了解吗？下面就让我们通过这个活动对自己有更多的了解，也对同学有更多的了解，知己知彼，才能百战不殆！

▲目标：让同学深入了解自己的内在特质和对理想爱情的期许。

▲时间：5 分钟

▲准备：彩笔，小卡片。

▲操作过程：

(1)发给成员事先剪好的七彩石小卡片和彩笔。

(2)请成员在每颗彩石的空白处，填写爱情七彩石问题的答案。

1)我的星座是＿＿＿＿＿＿＿＿＿＿＿＿＿＿＿＿＿＿＿＿＿＿＿＿＿＿。

2)我的血型是＿＿＿＿＿＿＿＿＿＿＿＿＿＿＿＿＿＿＿＿＿＿＿＿＿＿。

3)我的性格特质是＿＿＿＿＿＿＿＿＿＿＿＿＿＿＿＿＿＿＿＿＿＿＿＿。

4)我目前的爱情状况是＿＿＿＿＿＿＿＿＿＿＿＿＿＿＿＿＿＿＿＿＿＿。

5)我所期待的爱情是＿＿＿＿＿＿＿＿＿＿＿＿＿＿＿＿＿＿＿＿＿＿＿。

6)我的爱情现状离我的爱情理想遥远吗？＿＿＿＿＿＿＿＿＿＿＿＿＿＿。

7)我的性格特质对自己得到理想的爱情有什么限制和帮助？＿＿＿＿＿＿。

▲注意事项：无。

●主题体验二　爱情价值大拍卖

▲体验介绍：如果你有 1000 万元，你愿意用多少钱来丰富你的爱情生活？你了解自己的爱情观吗？了解同学的爱情观吗？通过下面的体验，让我们来深入地了解吧！

▲目的：帮助成员了解自己的爱情观，开放地表达自己。

▲时间：35 分钟左右。

▲准备：爱情价值拍卖单，见表 6-1。

▲操作过程：

（1）发下爱情价值拍卖清单，每位成员的清单上面都罗列了许多项关于爱情的拍卖品。给大家3分钟时间考虑，在纸上写下自己的排序并预估竞价金额。

（2）组织者向成员说明游戏规则："现在我们要开始拍卖这些爱情价值，由我来主持。每个项目的底价为100万元，从第一个项目开始喊价，每次至少加价50万元。每个项目我喊3次同样的价钱之后，若无人出更高价，就宣布成交。"

（3）开始进行拍卖，让成员彼此竞标，并把每个项目的得标价格记录于爱情价值拍卖清单上。

▲注意事项：注意维护课堂纪律，防止学生因情绪激动而大声喧哗。

表6-1 爱情价值拍卖单

爱情观	次序	预估竞标金额	得标者出价
有富足的金钱			
温柔而体贴			
身体健康			
外表与身材好			
兴趣相投			
有内涵或才华			
浪漫			
容易沟通			
有自己的空间			
有新鲜感、多变化			
平淡而踏实			
心灵的交流			
常常要黏在一起			
彼此信任			
彼此有所成长			
亲密接触			
幽默			
有安全感			
有责任感			
诚实可靠			

▲拍卖规则：

（1）总资金1000万元。

（2）每个项目底价为100万元。

（3）从第一个项目开始，想购买者就开始喊价，但每次加价至少50万元。

（4）每个项目喊过3次同样价钱后，若无人出更高价，就宣布成交。

心理加油站：爱情与婚姻

模块三 心理加油站

扫一扫：爱情与婚姻。

模块四　心理知识拓展

心理知识

一、爱情的含义

爱情是男女之间基于一定的客观物质条件及共同的人生理想和生活情趣而在各自内心形成的最真挚的仰慕，并渴望对方成为自己终身伴侣的最强烈、持久、稳定和专一的感情。爱情是人类最美好、最深沉的感情，是人类最富魅力的社会现象。

二、爱情的真谛

1. 爱情的本质

爱情是人类特有的现象，是人类高度文明的体现。爱情的本质是基于一定的自然基础之上，并受社会物质和文化因素制约的互相爱慕的情感。

2. 爱情的内容

爱情的根本目的是渴望对方成为自己的终身伴侣。爱情的两个本质属性是自然属性和社会属性。

(1)爱情的自然属性主要表现在以下三个方面。

第一，爱情是以人的不同性别为自然基础的。爱情一般是发生在男女之间的爱的感情，是以人的不同性别这个自然条件为基础的。

第二，爱情的发生是以生理发育成熟为自然前提的。建立在一对男女之间的爱情是在男女的生理发育成熟之后发生的。男女发展到一定年龄，性机能发育成熟，就会产生爱的需求，开始考虑爱情、婚姻问题。

第三，爱情是以实现异性的生理结合为目的的。爱情是一对男女渴望双方结为终身性伴侣的强烈的感情。任何成熟而又健全的人，都有追求异性、实现异性生理结合的需要。爱情是建立在这种生理需要的自然基础上的。正是在这种意义上，才有一个词叫作“性爱”。

(2)爱情的社会属性主要表现在以下三个方面。

第一，爱情是一种社会关系。爱情是一对男女之间的社会关系，并且这种关系是相互的、双向的。

第二，爱情具有丰富的社会内容。在人的爱情中，除了自然成分外，更多的是社会内容，如思想品德、文化修养、实际才能等，都是爱情的重要内容。爱情是男女双方在思想、情感、趣味、气质等方面的和谐统一，是人类的一种高级的精神生活。

第三，爱情的表达方式具有社会性。人的爱情是在理智的支配下，通过各种社会活动来进行的。例如，相互交谈、互赠礼物、拥抱接吻等。

三、爱情的特征

1. 相异性

爱情一般是在异性之间产生的，狭义的爱情专指异性恋，不含同性恋。

2. 成熟性

爱情是在个体身心发展到相对成熟阶段时产生的情感体验，幼儿没有爱情体验。

3. 高级性

爱情是一种高级情感，不是低级情趣。

4. 生理性

爱情有生理基础，包括性爱因素，不是纯粹的精神上的恋爱。

5. 利他性

爱情的基本倾向是奉献。衡量一个人对异性有无爱情、强度如何，可以通过“是否发自内心，帮助所爱的人做其期待的事情”这个指标来衡量。

四、有关爱情的理论

爱情理论非常丰富，在这里选取斯腾伯格的爱情三角理论加以介绍。

1. 爱情三角理论

心理学家斯腾伯格认为爱情是三角形。三角形的三个边分别是亲密、激情和承诺。

(1)亲密：两人之间感觉亲近、温馨的一种体验。简单说来，就是能够给人带来一种温暖的感觉体验。

(2)激情：是一种“强烈地渴望跟对方结合的状态”。性的需要，是引起激情的主导形式。

(3)承诺：由短期的和长期的两方面组成。短期方面就是要做出爱不爱一个人的决定；长期方面则是做出维护这一爱情关系的承诺，包括对爱情的忠诚、责任心。

2. 三种成分构成八种爱情关系组合

(1)无爱：三种成分均无。

(2)喜欢：只包括亲密部分。

(3)迷恋的爱：只存在激情成分。

(4)空爱：只有承诺的成分。

(5)浪漫之爱：结合了亲密与激情。

(6)友谊之爱：包括亲密和承诺。

(7)愚昧之爱：激情加上承诺。

(8)美满的爱：包含亲密、激情和承诺三种成分。

五、爱情发生的一般原则

在心理学上，爱情、友情、喜欢都属于人际吸引范围，而爱情是人际吸引的更高形式。爱情发生的一般原则主要有以下几个。

1. 时空接近原则

时空接近是友谊形成的重要因素，而其他影响人际吸引的因素也必然以时空的接近为先决条件。如果其他条件相同，则人们倾向于喜欢邻近的人。人与人在地理位置、空间距离上越接近，越容易形成密切的关系。因为距离近，使相互接触和交往的机会增多，双方更容易了解熟悉。时空的接近是相互吸引的一个重要条件，但不是充分必要条件。

2. 外貌吸引原则

外貌之所以能成为影响人际吸引的一个重要因素，是因为爱美是人类的一种普遍需要。美丽的外貌能使人产生愉悦的情绪，构成一种精神酬赏，从而容易对交往的对象产生好感。另外，外貌的美丑可以产生晕轮效应，即由一点推及其他。所以，美丽的外貌可以使人认为这个人还具有其他一系列的较佳品质，反之亦然。通常认为，在人际交往的初期，外表的作用较大；随着相互了解的加深，外貌就不再具有十分重要的作用了。研究表明，随着交往时间的增长、双方了解的程度加深，外貌因素的作用也会越来越小，人际交往的吸引力将会从外在的容貌逐渐进入人们内在的品质。

3. 态度相似原则

在人际交往过程中，双方若能意识到彼此的相似性，则容易互相吸引，产生亲密感，减少疏远感。实际的相似性是重要的，但更重要的是双方感知到的相似性。实验证明，在初期阶段，空间的距离是决定谁与谁交友往来的重要因素，但是到了后期，彼此之间态度、价值观与人格特质的相似，超越了空间距离而成为建立友谊的基础。结果表明，彼此间态度越相似，吸引力就越大。

4. 需求互补原则

当双方的需要正好互补时，就会产生强烈的吸引力。研究表明，互补因素可增进人际吸引，特别是在异性朋友或夫妻之间。对短期的伴侣来说，推动吸引力的因素是相似的价值观念，而驱使长期伴侣发展更密切关系的动力是需求的互补。由此，择偶过滤假说指出，两个不相识的男女要结成终身相托的伴侣，必须经过几道过滤关卡：时空距离的接近；人身的因素，主要指当事人的社会经济地位、教育水平、信仰等；态度与观念的相似；需求的互补。

5. 喜欢回馈原则

人们会以“表达喜欢”酬赏喜欢自己的人，而不喜欢以“拒绝”处罚不喜欢自己的人。一些心理学的研究表明，一般人相信他所喜欢的人也喜欢他。正所谓“爱人者，人恒爱之”，这就是喜欢的回馈反应。假如自己“以为”某一个人喜欢自己，那么自己自然会回报以相对的喜欢，产生喜欢的回馈反应。

6. 熟习性原则

人们交往的次数越多，越容易具有共同的经验、共同的话题和共同的感受，因而越可能建立密切的关系。尤其对素不相识的人来说，交往频率在形成人际关系的初期起着重要的作用。但是，交往频率与喜欢程度的关系呈倒 U 形曲线，即过低与过高的交往频率条件下彼此喜欢的程度都不高，而中等交往频率条件下，彼此喜欢的程度较高。

7. 能力崇尚原则

一般聪明能干的人总比平凡庸碌的人讨人喜欢，然而一个人能力的胜任程度与他被人喜欢的关系却有一定的限度。一个极聪明的人，由于容易使其他人产生自卑感，往往令人敬而远之，从而降低吸引力。一位德高望重并偶有过失或遭遇挫败的人，常常会比一个完美无缺的人更受人喜欢、爱戴。

心灵绘画

画 10 年后的自己

▲指导语：请闭上眼睛，想象一下 10 年后自己的形象，那时你将在哪里、跟谁在一起、在做什么等，把这些画面画出来。

▲温馨提示：

1. 画完后给作品命名。

2. 用三个关键词描述该作品。

3. 你对 10 年后的自己有哪些新的认识和发现？你想对 10 年后的自己说点什么？

心理效应

黑暗效应

在光线比较暗的场所，约会双方彼此看不清对方的表情，就很容易减少戒备感而产生安全感。在这种情况下，彼此产生亲近的可能性就远远高于光线比较亮的场所。因此光线昏暗的地方更易产生恋情，心理学家将这种现象称为“黑暗效应”。

有这样一个案例：有一位男子钟情于一位女子，但每次约会，他总觉得双方谈话不投机。有一天晚上，他约那位女子到一家光线比较暗的酒吧，结果这次谈话融洽投机。从此以后，这位男子将约会的地点都选择在光线比较暗的酒吧。几次约会之后，他俩终于决定结下百年之好。社会心理学家研究后的结论是，在正常情况下，一般的人都能根据对方和外界条件来决定自己应该掏出多少心里话，特别是对还不十分了解但又愿意继续交往的人，既有一种戒备感，又会自然而然地把自己好的方面尽量展现出来，把自己的弱点和缺点尽量隐藏起来。因此，这时双方就相对难以沟通。而黑暗登场，对方感官失效后，自己便没了危险，不需要伪装，表情不需要安排，可以自然而然地自我流露；而自己的感官失效后，人就会变得脆弱而敏感，倾向于在黑暗中抓住同伴，这种吸附性非常强。所以说，黑暗效应就产生了。

心理美文

鱼在波涛下微笑

心在水中。水是什么呢？水就是关系。关系是什么呢？关系就是我们和万物之间密不可分的羁绊。它们如丝如缕、百转千回，环绕着我们、滋润着我们、营养着我们、推动着我们，同时也制约着我们、捆绑着我们、束缚着我们、缠绕着我们。水太少了，心灵就会成为酷日下的撒哈拉沙漠；水太多了，堤坝溃塌，心也会淹得两眼翻白。

人生所有的问题，都是关系问题。在所有的关系之中，你和你自己的关系最为重要，它是关系的总脐带。如果你处理不好自我关系，你的一生就不得安宁和幸福。你可以成功，但没有快乐；你可以有家庭，但缺乏温暖；你可以有孩子，但他难以交流；你可以姹紫嫣红、宾朋满座，但却不曾有高山流水、患难之交。

你会大声地埋怨这个世界，殊不知症结就在你自己身上。

你爱自己吗？如果你不爱自己，你怎么有能力去爱他人？爱自己是最简单也是最复杂的事情，它不需要任何成本，却需要一颗无畏的灵魂。我们每个人都是不完满的，爱一个不完满的自己是勇敢者的行为。

处理好了和自己的关系，你才有精力和智慧去研究你的人际关系，去和大自然和谐相处。如果你被自己搞得焦头烂额，就像一个五内俱空的病人，哪里还有多余的热血去濡养他人！

在水中自由地遨游，闲暇的时候挣脱一切羁绊，到岸上享受晨风拂面，然后一个华丽的俯冲，重新潜入关系之水，做一条鱼在波涛下微笑。

任务二十一　美丽的罂粟花

——爱的陷阱

模块一　心声坦露

1. 我跟男朋友相识一年多了，我们相处得很好。前段时间他突然向我提出了分手，看见他跟隔壁班的女生好上了，我很焦虑，死的想法都有，也很想伤害他。

2. 我在网上认识了一位名字叫作“风”的男生，我们聊得非常开心，“风”让我跟他见面，我很犹豫，担心因没有深入的了解会上当受骗。

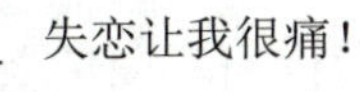

3. 我是我们班的文艺委员，我已经偷偷地喜欢上我们班的班长很久了。他在同学中有威望，专业技能好、人缘好。我担心他不喜欢我，一直不敢表白，我真是品尝了暗恋的滋味。

4. 前段时间在网上看见一则新闻，有个17岁少女未婚先孕，男朋友又抛弃了她。我18岁了，经常担心男朋友会不再珍惜我，会抛弃我。

模块二　行动起来

暖身启心智

棒打糊涂仙

▲暖身介绍:这是一个考察听课是否专心的游戏,如果注意力不集中,便会被淘汰出局。

▲目标:通过体验活动让你的身心活跃起来。

▲时间:5 分钟。

▲准备:用挂历或旧报纸卷成的一根纸棒。

▲操作过程:请全体同学站成一圈,选一个执棒者站在圈中间,由他面对的人开始大声喊出一位同学的名字,执棒者马上跑到那个被叫的同学面前,被叫的人马上再叫出另一位同学的名字,如果叫不出来,就会受当头一棒,然后由他执棒。以此类推,如果一个人 3 次被打,就要为大家表演节目。

暖身体验:棒打糊涂仙

▲示范教学:扫描二维码,观看暖身体验示范视频。

▲注意事项:无。

体验助成长

●主题体验一　请求与拒绝

▲体验介绍:在生活中有人向你表达过爱意吗?你不喜欢他/她你会拒绝吗?下面让我们来模拟吧!

▲目标:帮助同学懂得面对爱情要自信,不仅需要表白时的大胆,也需要拒绝时的果断。让同学们了解每个人都有其存在的价值,要懂得相互尊重和珍惜。

▲时间:20 分钟。

▲准备:无。

▲操作过程:

(1)成员两个人一组,面对面站好,其中一人要向对方表达爱意,请求对方成为自己的恋人,另一方要予以拒绝。要求目光直视对方,时间 3 分钟。

(2)互换角色。

(3)分享活动中的体会和感受。引导成员在与恋人相处过程中不责备、不躲避,要学会包容与自省。

▲注意事项:注意观察学生的表情,对内向的学生给予关照。

●主题体验二　心理剧《烦恼的爱》

▲剧情介绍:婉秋是一名开朗乐观的中职生,她喜欢充满朝气、喜欢足球的体育委员光华,但更倾向于稳重内向、思维敏捷、专业技能好的王林,在这两个男生之间一时不知如何选择。而两个男生都非常喜欢婉秋,特别是从农村来的内向的王林,早已暗恋上她,一直为不知如何表达感情压抑、烦恼着。由此,两个男生展开不同方式的追求,甚至发生矛盾冲突。

▲人物:婉秋(文艺委员)、光华(体育委员)、王林、同学甲、同学乙等。

▲场景:运动场、宿舍、教室。

▲道具：桌椅、足球。

▲场景一：教室里同学们都在紧张地复习，准备专业考试，有些同学在小声讨论交流。王林不时地看看婉秋，用眼神与她会心地交流。这时，光华也带着复杂的眼神看着他俩，然后起身去和婉秋讨论题目。婉秋热情地与他交流，王林脸上显现出痛苦的表情……

▲场景二：运动场上，男生在进行足球比赛，女生在场边加油。身体强壮的光华常常有意地撞击瘦弱的王林，王林往往躲避，偶尔回击。大多数女生都在为活跃的光华欢呼，婉秋脸上出现复杂的表情。

▲场景三：男生宿舍里，光华在大声谈论婉秋的家庭、爱好以及以前的趣事，给人感觉他俩关系很密切，大家以为他们是天生一对。内向、自卑的王林显得很难受……

▲场景四：运动场、教室里，有几次婉秋有意识地接近王林，王林犹豫地躲开了。婉秋也不太搭理光华，三人都烦恼着……

请大家分组讨论婉秋、王林、光华的问题出在哪里，怎样做才是正确的，把讨论结果分角色表演出来。

模块三　心理加油站

扫一扫：见与不见。

心理加油站：见与不见

模块四　心理知识拓展

心理知识

在歌曲《因为爱情》中有这样一段歌词："因为爱情，不会轻易悲伤，所以一切都是幸福的模样。因为爱情，简单地生长，依然随时可以为你疯狂。"法国作家雨果说过："人生有两次出生，头一次是在人开始生活的那一天；第二次则是在萌发爱情的那一天。"由此可以看出，爱情是奇妙的，有着巨大能量的，它踏着青春的脚步而来，也为青春增添活力和美丽。为了享受美好的爱情和幸福的人生，避免付出惨重的代价，中职生要不断地提高自身的综合素质，增强心理防御机制，保持清醒的头脑，警惕爱的沼泽和陷阱。

一、早恋

1. 早恋的定义

早恋通常意义上是指发生在生活、经济上不能完全独立，身心还没有完全成熟，还不足以承担爱情所带来的后果（如身体上的、心理上的、经济上的等）的恋爱行为。

2. 早恋的特点

（1）早恋往往难以持久，缺少承诺，大多是没有结果的。

（2）早恋多半是不理智、不成熟的选择，容易造成过度狂热和痴迷，从而影响学业。

（3）早恋在遇到波折——感情转移、争吵、分离等情况时，恋爱双方容易产生偏激行为，如殉情、恶性报复、离家出走、患忧郁症等。

（4）早恋发于青春期性躁动期，自我约束力较弱，有可能在一时的性冲动之下超越防线，初尝禁果，且难以承担这种关系造成的怀孕、堕胎的严重后果。

二、暗恋

1. 暗恋的定义

暗恋是指一方对另一方心存爱意或好感而没有表白，通常不外乎胆怯、其中一方或双方已有异性朋友等原因。

2. 暗恋的特点

(1)会给暗恋者带来痛苦。暗恋通常比其他恋爱来得痛苦，由于暗恋是不能或不敢表达自己的爱意，而又迫切希望得到对方的爱，所以会给自身带来极大的心理冲突。通常认为，暗恋者的付出比正常的恋情多出好几倍，而可悲的是，这种付出往往都不会获得回报。

(2)暗恋出现的年龄段以青少年居多。暗恋的现象出现于广泛的年龄层，但以青少年居多。同时，暗恋的现象在男性与女性身上出现的概率大致相等。

三、网恋

1. 网恋的含义

网恋是指个体以超越时空限制的网络为载体，相识、相吸、相知、相许，与情感对象进行虚拟与现实兼具的情感互动过程。

2. 中职生网恋的心理因素

(1)相互吸引的力量。青少年之间的吸引就在于自然的相互吸引，这适合于异性之间，也适合于同性之间。在互联网上人们能够充分发挥自己的潜力，拥有足够的自信来证明自己的资质，而且大家都不用真实姓名，很少感到害羞，能够敞开心扉，甚至愿意大胆暴露自己的缺点。年轻人敢于无拘无束、随心所欲地诉说内心感受、释放心情，能显示出强烈的个性来吸引对方的注意。

(2)浪漫的诱惑。情感表达是青少年网民的一个重要的需要。通过上网来寻求人与人之间的互相关心、互相理解和互相尊重，是一个潜藏在青少年网民内心深处的极为深刻的上网动机。青少年在网聊中，涉及最多的话题是爱情和友谊，他们在网络里绝对不会感到孤独，因为无论爱好兴趣是什么，总有许多人在虚拟社区里相互交谈、互相倾诉。他们在这里可以寻找到理想化的“梦中情人”，也可以找到没有缺点的“恋人”。这种纯真的、柏拉图式的爱情童话能够满足他们内心深处对浪漫爱情和友情的渴求，也可以慰藉内心深处的孤寂。

(3)寻求自我价值感。社会心理学家认为，为了使自己的人生具有价值、获得明确的自我价值感，人需要了解别人，需要通过别人来了解自己，需要爱与被爱，需要归属和依赖，需要有机会显示自己的优势和展示自己的专长。人际关系的复杂性和青少年心理的单纯性，常会使部分青少年在交往中遭受挫折，表现出不同程度的人际交往障碍，如多疑、害羞、闭锁、社交恐惧等，使他们的自我价值感得不到满足，而网络这个虚拟的世界为这些青少年满足自己的价值感提供了便利。所以，寻求自我价值感也是青少年网恋的发生原因之一。

3. 网恋的危害

(1)影响学业发展。青少年一旦陷入网恋中，往往会沉迷于网上聊天、网上恋爱，他们会利用一切能挤出来的时间上网。从时间和精力方面来看，他们无法同时兼顾学业。

(2)引发人际关系问题。处理人际关系需要时间的投入，由于网恋使青少年迷恋于与网上朋友的交流，热衷于虚拟的朋友关系，对网上的朋友产生心理信赖，而留给现实中的家人和朋友的时间和空间越来越少，常常拒绝和朋友一起活动，导致其逃避现实生活中的人际交往，引起人际关系障碍。

(3)带来情绪问题。长期上网的青少年，在网上表现出兴奋、注意力集中、反应敏捷等积极情绪状态，而在走出网络回到现实生活中时，常会魂不守舍、烦躁不安，表现出对网络的依赖和不可或缺的需要。

四、婚前性行为、怀孕、流产

青少年发生性行为，通常是在一些错误观念的支配下发生的。典型的错误观念有：

1. 性行为是长大成熟的标志

事实上，如果我们真的长大了，可以成熟地思考问题，就不会用自己的身体和前途冒险。不要再用是否有过性行为来判定自己是否成熟了，如果在不该发生性行为的时候发生性行为，只能推迟自己的成熟，也证明自己不成熟。

2. 性行为可以稳固爱情关系

我们前面已经讨论了爱情的本质问题，并没有说性行为可以增进爱情。相反，倘若爱情需要靠性行为维系的话，说明这份感情一定名存实亡了。

3. 如果相爱就可以有性行为

爱情是性的前提，没有爱情就没有性，但有爱情并不是有性的充分条件。爱情不是游戏，它是追寻终身伴侣的过程。只有当两个人都能独立地承担起自己的人生责任时，才会有力量相爱，才会有真正成熟的爱情，才可以有更深的关系，否则只会给彼此带来伤害。中职生正值青春妙龄，对异性产生爱恋是非常自然的事情，但是由于恋爱而导致女生意外怀孕，这就让人非常担心、非常遗憾了。中职生发育还不健全，还不到生儿育女的年龄，这时候如果怀孕，一般会选择终止妊娠。终止妊娠如果不选择正规医院，也可能从此使女生罹患生殖系统疾病，严重的甚至丧失生育能力，带来终身之恨。终止妊娠一般都需要休息和丰富的营养，而女生可能不想让家长知道，有可能得不到休息，更谈不上营养了。因此，这对女生的身体健康非常有害。另外，女生还要面对同学之间激烈的竞争，本来心理压力就大，再加上自己的自责、羞愧心理，很可能产生心理疾病。因此，青少年一定要对自己和他人负责，避免过早发生性行为。

心灵绘画

心灵涂鸦

▲指导语：请在 A4 纸上随意画画，头脑中呈现什么画面就画什么。

▲温馨提示：

1. 画完后给作品命名。
2. 这幅画给自己带来哪些启示？
3. 写一段话描述这幅画。

心理效应

罗密欧与朱丽叶效应

为什么受阻挠的爱情更坚不可摧？莎士比亚的经典名剧《罗密欧与朱丽叶》中罗密欧和朱丽叶相爱，但由于双方家族是世仇，他们的爱情遭到了极力阻碍。但压迫并没有使他们分手，反而使他们爱得更深，直到殉情。这样的现象我们叫它"罗密欧与朱丽叶效应"。

罗密欧与朱丽叶效应，就是当出现干扰恋爱双方爱情关系的外在力量时，恋爱双方的情感反而会加强，恋爱关系也因此更加牢固。心理学家德斯考尔等人在对爱情进行科学研究时发现，在一定范围内，父母或其他长辈干涉儿女的感情，这反而会加深青年人之间的爱情。也就是说，如果出现干扰恋爱双方爱情关系的外在力量，恋爱双方的情感反而会更强烈，恋爱关系也会变得更加牢固，但其婚姻最终却经常是以悲剧收场。这种情形不仅发生在男女的爱情之间，也发生在许多地方。越难获得的事物，在人们心目中的地位越重要，价值也会越高。学者们尝试以阻抗理论来解释这种现象，他们指出当人们的自由受到限制时，会产生不愉快的感觉，而从事被禁止的行为反而可以消除这种不悦。所以才会发生当别人命令我们不得做什么事时，我们却会反其道而行之的现象。

心理美文

苏格拉底与失恋者的对话

苏（苏格拉底）：孩子，为什么悲伤？

失（失恋者）：我失恋了。

苏：哦，这很正常。如果失恋了没有悲伤，恋爱大概也就没有什么味道了。可是，年轻人，我怎么发现你对失恋的投入甚至比对恋爱的投入还要倾心呢？

失：到手的葡萄给丢了，这份遗憾、这份失落，您非个中人，怎知其中的酸楚呢？

苏：丢了就是丢了，何不继续向前走去，鲜美的葡萄还有很多。

失：等待，等到海枯石烂，直到他回心转意向我走来。

苏：但这一天也许永远不会到来，你最后会眼睁睁看着他和另一个人走了。

失：那我就用自杀来表示我的诚心。

苏：但如果这样，你不但失去了你的恋人，同时还失去了你自己，你会蒙受双倍的损失。

失：踩上他一脚如何？我得不到的别人也别想得到。

苏：可这只能使你离他更远，而你本来是想与他更接近的。

失：您说我该怎么办？我可真的很爱他。

苏：真的很爱？

失:是的。

苏:那你当然希望你所爱的人幸福。

失:那是自然。

苏:如果他认为离开你是一种幸福呢?

失:不会的!他曾经跟我说,只有跟我在一起的时候他才感觉幸福!

苏:那是曾经、是过去,可他现在并不这么认为了。

失:这就是说,他一直在骗我?

苏:不,他一直对你很忠诚,当他爱你的时候,他和你在一起,现在他不爱你了,他就离去了,世界上再没有比这更大的忠诚。如果他不再爱你,却还装作对你很有情谊,甚至跟你结婚、生子,那才是真正的欺骗呢。

失:可我为他投入的感情不是白白浪费了吗?谁来补偿我?

苏:不,你的感情从来没有浪费,根本不存在补偿的问题,因为在你付出感情的同时,他也对你付出了感情,在你给他快乐的时候,他也给了你快乐。

失:可是,他现在不爱我了,我却还苦苦地爱着他,这多不公平啊!

苏:的确不公平,我是说你对所爱的那个人不公平。本来,爱他是你的权利,但爱不爱你则是他的权利,而你却在自己行使权利的时候剥夺别人的权利……这是何等的不公平!

失:可是您看得明明白白,现在痛苦的是我而不是他,是我在为他痛苦。

苏:为他而痛苦?他的日子可能过得很好,不如说是你在为你自己而痛苦吧。明明为自己,却还打着为别人的旗号,年轻人,德行可不能丢呀。

失:依您的说法,这一切倒成了我的错?

苏:是的,从一开始你就犯了错。如果你能给他带来幸福,他是不会从你的生活中离开的。要知道,没有人会逃避幸福。

失:可他连机会都不给我,您说可恶不可恶?

苏:当然可恶。好在你现在摆脱了这个可恶的人。你应该感到高兴,孩子。

失:高兴?怎么可能呢?不管怎么说,我是被人给抛弃了,这总是叫人感到自卑的。

苏:不,年轻人的身上只能有自豪,不可有自卑。要记住,被抛弃的并不是就是不好的。

失:此话怎讲?

苏:有一次,我在商店看到一套高贵的西服,可谓爱不释手,营业员问我要不要,你猜我怎么说?我说质地太差了,不要!其实,我口袋里没有钱。年轻人,也许你就是这件被遗弃的西服。

失:您真会安慰人,可惜您还是不能把我从失恋的痛苦中引出。

苏:是的,我很遗憾自己没有这个能力。但,我可以向你推荐一个有这个能力的朋友。

失:谁?

苏:时间。时间是人最伟大的导师。我见过无数被失恋折磨得死去活来的人,是时间帮助他们抚平了心灵的创伤,并重新为他们选择了梦中情人,最后他们都享受到了本该属于自己的那份人间之乐。

失:但愿我也有这么一天,但我的第一步该从哪里做起呢?

苏:去感谢那个抛弃你的人,为他祝福。

失:为什么?

苏:因为他给了你一份忠诚,给了你寻找幸福的新的机会。

第七单元　让我们学会学习

任务二十二　神奇的分院帽

——我有我的学习风格

模块一　心声坦露

1. 我从初中到现在一直是个听话、刻苦的学生，老师表扬谁学习好，我也会很虚心地向别人学习，可是我的成绩一点提高也没有！我真的太笨了！哪方面都不行！

2. 从小到大，老师和家长都夸我："这孩子真聪明，就是不认真学习。"正是因为这样，我才不愿意努力，不敢学习，如果我努力学习了成绩还不好，不就证明我不聪明了吗？

我不行……

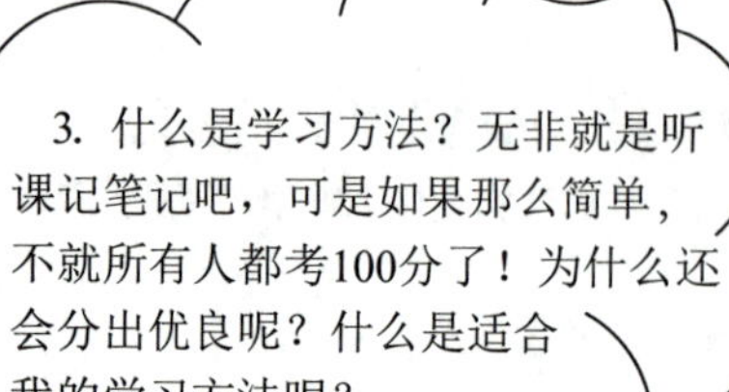

4. 我喜欢专业课，讨厌数学、外语，太枯燥了，一看老师更是脑袋犯迷糊、想睡觉，上课像听天书一样！

模块二　行动起来

暖身启心智

怪　兽

▲暖身介绍:根据要求,完成活动。考考你的创造力、合作力,让你身心愉悦。

▲目标:活跃课堂气氛,发挥团队创意。

▲时间:5 分钟。

▲准备:无。

▲操作过程:

(1)全班同学分 2 组,每组 12 ~ 15 人。

(2)每组同学必须连接在一起成为一个整体,创造出一只怪兽,这只怪兽只有 13 只脚在下,4 只手在上。

▲示范教学:扫描二维码,观看暖身体验示范视频。

▲注意事项:无。

暖身体验:怪兽

体验助成长

●主题体验一　魔法学校的"分院帽"

▲体验介绍:魔法学校的学生因其特质不同,而被分配到不同的学院学习不同的魔法。大家也会因为自己学习风格的差异,将会被分配到不同的学院,这是一次神奇之旅,让我们一起来体验吧。

▲目标:懂得学习风格在学习中的重要意义并了解同学的学习风格。

▲时间:15 分钟。

▲准备:电影《哈利波特与魔法石》分院帽视频片段。

▲操作过程:

(1)观看电影《哈利波特与魔法石》片段,该片讲述了根据学生内在特质,将他们分到四个不同学院的情节,而完成分类工作的就是一顶会说话的分类帽。

(2)通过看视频,请你说说你的学习风格。

(3)按照四种不同的学习风格,将学生分到四个不同的学院。

(4)观察自己学院的学生有什么样的学习特质。

(5)讨论适合自己学院学生的学习方法。

▲注意事项:无。

●主题体验二　我的学习风格和方法

▲体验介绍:每个人在学习风格方面都有很大的差异,怎样才是最适合自己的学习风格?下面通过所罗门学习风格自测问卷来深入地了解自己。

▲目标:尝试根据自己的学习风格制订行之有效的学习方法。

▲时间:24 分钟。

▲准备:所罗门学习风格自测问卷。

▲操作过程:

(1)进行所罗门学习风格测试。

(2)将学生分成四个小组。

(3)按测试结果,为自己制订一套合适的学习方法,制作我的学习风格及方法列表。

(4)小组内交流,展示自己的学习风格及学习方法列表。

▲注意事项:加强同伴交流是关键。

模块三　心理加油站

扫一扫:霍金的故事。

心理加油站:霍金的故事

模块四　心理知识拓展

心理知识

一、学习风格

学习风格是指人们在学习时所具有的或偏爱的方式,换句话说,就是学习者在研究和解决其学习任务时,所表现出来的具有个人特色的方式。它是我们每一个人在长期的学习过程中逐渐形成的。进入中等职业学校以后,我们要尽快掌握一些与初中不同的学习规律,以此对自己的学习风格做一个反思和调整,并制订相应的学习方法,这样可以帮助我们更好地适应学校的学习任务,取得良好的学习成绩。

二、学习风格的特点

1. 独特性

学习风格是在学习者个体神经组织结构及其机能的基础上,受特定的家庭、教育和社会文化的影响,通过个体自身长期的学习活动形成,具有鲜明的个性特征。

2. 稳定性

学习风格是个体在长期的学习过程中逐渐形成的,一经形成,即具有持久稳定性,很少随学习内容、学习环境的变化而变化。但是学习风格的稳定性并不表明它是不可以改变的,它仍然具有可塑性。

3. 兼有活动和个性两种功能

人的个性,诸如能力、气质和性格等对学习的影响和作用往往是间接的,而学习风格是学习者惯常使用的、有所偏爱的学习策略和学习方式,它直接参与学习过程,一方面使学习过程得以顺利进行,另一方面使学习过程和学习结果受个性的影响。

三、学习风格的生理要素构成

人的学习风格受生理要素的影响,学习风格的生理要素如下。

1. 声音

在进行学习的时候，不同的学习者对声音刺激有着不同的反应：有的人需要学习时周围环境绝对安静，他们无法容忍噪声的存在，当身处嘈杂环境的时候，他们会无法思考问题，无法记忆，甚至表现出焦躁不安的情绪；而有的人则恰恰相反，他们不能容忍学习时周围环境绝对安静，往往需要用背景声音来掩盖学习时其他声音的干扰；还有一类人，他们没有明显意识到背景声音的存在，即可以容忍一定程度的噪声，在噪声的环境中他们照样可以集中注意力进行学习。

2. 光线

光线能够影响人生理的、情绪的和认知的功能。在学习时，有的人喜欢明亮的环境，明亮的光线能使他们精力充沛，昏暗的光线则会使他们萎靡不振；有的人喜欢较暗的灯光，光线明亮会使他们过敏或不安，提不起精神。

3. 温度

由于生理的差异，不同个体对外界环境温度高低的要求也不尽相同，有的人喜欢凉快些，有的人则喜欢温暖些；同样地，温度不同，个体的体验也不一样，或感觉合适，或感觉太冷，或感觉太热。这些都是个体温度偏好的差异。在学习中，与个体温度偏好相一致的环境温度将有利于学习效果的提高。

4. 活动性与坐姿

传统的课堂教学要求学生应坐在自己的位子上，不做任何与学习无关的动作，静静地听老师讲课。事实上，这种课堂要求是不符合教育规律，甚至不科学的。在学习过程中，不同学习者对学习时的姿势有不同的偏爱。有的人喜欢学习时间断性地短暂休息和活动，而有的人则不需要休息和活动；有的人喜欢正规的坐姿，而有的人喜欢非正规的、较随意的坐姿。

5. 学习时间

不同的人对一天中时间的偏爱是不一样的。有的人偏爱早晨，他们在早晨学习效率最高，这种学习者被称为百灵鸟型；有的人偏爱晚上或深夜，此时他们的学习效果最好，这种学习者被称为猫头鹰型；还有的人在上午更容易集中注意力；而另一些人则在下午学得更好。

6. 感觉通道

对于个体内外刺激，不同学习者的感知方式可能是不一样的。有的人喜欢通过听觉感知，有的人喜欢通过视觉感知，也有的人喜欢通过动觉感知，还有一些人为两种或三种感觉结合型。

四、学习风格的社会要素构成

人的学习风格除了受生理要素影响外，还受社会要素影响，主要表现在以下两个方面。

1. 独立学习与结伴学习

喜欢独立学习的人，在学习时他们宁愿独立思考、独自解决问题。他们对外界干扰容忍度低，非常敏感，与其他人在一起时，往往难以集中注意力或注意力持续时间短、学习效率低。相反，喜欢结伴学习的人，他们乐于与他人一起学习，在集体的环境中相互合作、相互激励、相互督促，提高学习效率。

2. 竞争与合作

竞争与合作是个体在动机激发上所表现的不同倾向。竞争与合作均是动机激发的主要手段，有些学生更倾向于通过竞争激发学习动机，而有些学生则偏爱合作学习。

倾向于通过竞争激发学习动机的人，在适当的竞争环境中其学习的动机明显，情绪、智力、体力均处于较高的唤醒状态，能够充分挖掘个体的潜力，取得较好的成绩，并能使自己通过竞争正确地认识、评价自己，形成较好的自我概念。

而偏爱合作学习的人，一般拥有最基本的社交愿望和技能，责任心较强，有参与合作学习的热情，能够通过合作学习激发学习的动机，取长补短解决问题。

五、学习风格的分类

学习风格可从感知方式、认知方式、个性特点三方面进行分类，见表7-1～表7-3。

表7-1 感知方式

	学习者的特点	应选择的学习策略
A. 视觉型	喜欢图形、图表、图片等；喜欢阅读	使用卡片、录像和其他的视觉辅助用具
B. 听觉型	喜欢听讲座、录音带和谈话等	创造机会听讲座，参加讨论
C. 动觉型	喜欢通过借助别人的演示来学习；喜欢通过绘画和模仿来学习语言	寻找实践的机会理解语言和文化（如通过非言语交际的方式交流）

表7-2 认知方式

	学习者的特点	应选择的学习策略
A. 整体型	善于抓住大意，即使遇到不认识的词汇或不懂的概念也能很好地与别人进行交流	学会理解听力或阅读材料的大意；不懂得细节并不妨碍理解整体意义
B. 细节型	需要通过具体的例子才能完全理解；注意具体的事实和信息；善于记忆新词和短语	意识到关注细节对理解很重要；练习"填充缺失信息"等活动
C. 综合型	善于发现和归纳要点；喜欢猜测意思，预测结果；能够很快发现事物间的相似点	学会归纳大意、猜测意思和预测结果，发挥整合信息的能力
D. 分析型	喜欢思考和分析；喜欢做对比分析和排除法的练习；对社会情感因素不敏感；关注语法规则	做分析性的练习，参与逻辑分析和语言对比的任务；寻找一本好的语法书帮助学习
E. 尖锐型	在记忆的过程中善于发现项目之间的差异；分开储存项目，分别提取项目，能够区分语音特征、语法结构和词义的细微差异	在最开始接触学习材料时，留出足够的时间
F. 齐平型	分块记忆材料，往往忽略它们之间的差异而更多地注意相似点；在社交情境中经常为了提高流利程度而忽略差异；经常会混淆记忆，把新的经历与以往的经历结合	多进行交际，不必在意语言和结构的细微差异；注意某些好的表达方式
G. 演绎型	喜欢由一般到具体的方式，把结论应用到实践中；愿意从规则和理论入手，而不是从具体的例子入手	利用语法和其他规定了解规则的学习材料；找到能给自己解释规则的学习伙伴
H. 归纳型	喜欢由具体到一般的方式，从具体的例子而不是从规则和理论入手	通过直觉学习规则，不关心具体细节
I. 场独立型	能够同时注意语言的细节和整体，而不受它们的干扰；善于同时处理多个语言部分	参加需要多种检测手段的任务

（续）

	学习者的特点	应选择的学习策略
J. 场依赖型	需要一定的情境来帮助理解信息，因此只关注语言的某一部分或方面；同时处理语言的多方面特征会有一定困难	参加一次只关注几个概念的活动或任务
K. 冲动型	加工材料的速度快，但准确性低；愿意冒险和猜测	创造一些即兴表达的机会
L. 思考型	加工材料的速度慢，但准确性高；避免冒险和猜测	参与“冒险性”的活动，如口语比赛等

表 7-3　个性特点

	学习者的特点	应选择的学习策略
A. 外向型	对外部世界感兴趣，积极，善于交际，性格外向，通常兴趣广泛	参加一系列社交的、互动的学习任务（如游戏、对话）
B. 内向型	对内部世界感兴趣，能够集中注意力，善于理解概念；兴趣较少，但是精通，善于自我反思	参与独立完成的任务（如自学、阅读或使用计算机学习）或者是与另一个比较熟悉的学习者完成活动
C. 随机—直觉型	喜欢学习抽象的概念和建构模型，面向未来；爱推测可能性，喜欢随机的方式	参与面向未来的活动，如推测可能性
D. 具体—程序型	喜欢按部就班地学习，严格按指令办事，有很强的感性和程序性，面向现在	按步骤完成任务，在完成每个步骤后从同伴、老师那里得到反馈信息
E. 封闭型	愿意做决定和采取行动；能制订并且遵守计划；有很强的控制力；对歧义的容忍度低；经常为了尽快找到答案而妄下结论；重视时间期限	事先计划，确定时间期限；接受特定的指导，多问问题
F. 开放型	善于收集信息；通常在广泛地获取信息和经验的基础上才下结论；认为学习是愉快的；有很强的灵活性，对歧义的容忍度高；不关心规定的时间期限	寻找、发现学习的机会和收集信息的机会

心灵绘画

用几何图形作画

▲指导语：用基本的几何图形如圆形、三角形、正方形和长方形作画，随意画出你想要的图形。

▲温馨提示：

1. 画完后思考哪种基本图形占的比重较大？
2. 各种基本几何图形跟哪些性格特征相关？

心理效应

瓦拉赫效应

奥托 · 瓦拉赫是诺贝尔化学奖获得者，他的成才过程极富传奇色彩。瓦拉赫在开始读中学时，父母为他选择的是一条文学之路，不料一个学期下来，老师为他写下了这样的评语："瓦拉赫很用功，但过分拘泥，这样的人即使有着完善的品德，也绝不可能在文学上发挥出来。"此时，父母只好尊重儿子的意见，让他改学油画。可瓦拉赫既不善于构图又不擅长用色，对艺术的理解力也不强，成绩在班上是倒数第一，学校的评语更是令人难以接受："你是绘画艺术方面的不可造就之才。"面对如此"笨拙"的学生，绝大部分老师认为他已成才无望，只有化学老师认为他做事一丝不苟，具备做好化学实验应有的品格，建议他试学化学。父母接受了化学老师的建议。这下，瓦拉赫智慧的火花一下被点着了。文学艺术的"不可造就之才"一下子就变成了公认的化学方面的"前程远大的高才生"。瓦拉赫的成功，说明这样一个道理：学生的智能发展都是不均衡的，都有智能的强点和弱点，他们一旦发现自己智能的最佳点，使智能潜力得到充分的发挥，便可取得惊人的成绩。

心理美文

"聪明"的野猪

寒冬腊月，森林里的一头野猪深知在风雪之中觅食的艰辛。这时，它忽然想起自己的远房表弟来，听说表弟在那户人家有吃有喝还有人伺候，每天除了吃就是睡，还可以任意玩乐，日子过得相当逍遥。

野猪想，谁不向往那种生活呢？再想想自己，有上顿没下顿的。

可是，它转念一想，立刻又清醒了过来，虽然有人给表弟吃、给表弟喝，但表弟也要付出代价——生命的代价。想想表弟的命运，它情不自禁地打了个寒战，眼神里流露出无限的同情。

野猪在心里想：虽然我自己觅食有些辛苦，但是我能保住自己的小命，还有什么比这更重要的吗？

又挨饿了三天，它动摇了。

它想：表弟之所以摆脱不了被杀的命运，是因为它不同于我，它没有反抗能力，我却有反抗能力。单单让人类看到我锋利的獠牙和强壮的身体，就会把人们吓退。我可以乔装打扮，混在表弟家里先美美地吃上一个冬天，等我不再挨饿了，再逃出去也不迟啊。

于是，当天晚上，它纵身一跃就跳进了猪圈。

这个冬天，它和表弟一样享受了吃了睡、睡了吃的"美好"生活。

转眼到了春天，面对这头膘肥体壮的野猪，农户心想：这头野猪的肉味一定要比一般的家猪鲜美，何不宰杀这头野猪呢？他决定明天就动手。

当天晚上，野猪准备逃命，可是无论它怎样努力，它都跳不出猪圈。短短几个月的时间，它已经因为运动太少，长了一身肉，失去了反抗的能力。

此时，它后悔自己没有像往日一样，在山中跋涉磨炼，后悔不应该吃太多的食物，可是一切晚矣！

任务二十三　用途无限

——突破思维定式，培养学习兴趣

模块一　心声坦露

1. 从小到大我的学习成绩都不好，我就这样了！我什么都学不会，对学习提不起任何兴趣，也不想学，好像已经成为一种习惯。

2. 成功是什么？自信是什么？好像这些都离我很远。我就是一个一事无成的人，回忆这么多年我没有什么成功的经历！

唉！从小就对学习兴趣不足！

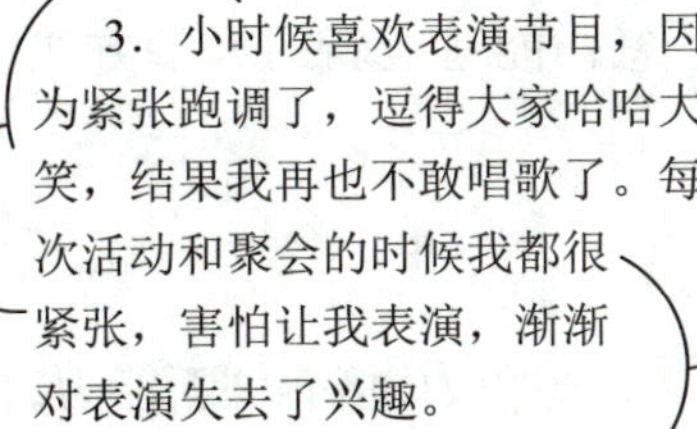

3. 小时候喜欢表演节目，因为紧张跑调了，逗得大家哈哈大笑，结果我再也不敢唱歌了。每次活动和聚会的时候我都很紧张，害怕让我表演，渐渐对表演失去了兴趣。

4. 我的事情一直都是由父母决定的，在家中我好像一个木偶，久而久之，发现自己离开他们什么都做不好，怎样使现在的自己有个突破呢？

模块二　行动起来

暖身启心智

寻找我的快乐组合

▲暖身介绍：这是一个有趣的分组活动，看看你跟哪些同学是有缘人，抓紧行动吧！

▲目标：活动将成员分为若干组，并让他们初步感受团体对个人的重要性，增强团体凝聚力。

▲时间:约 5 分钟。

▲准备:纸条。

▲操作过程:

(1)事先准备好与成员人数相等的纸条,用来分组,按照打算划分的小组数目写有与小组数目相等的几种不同的话。

(2)让成员每人抽取一张纸条,由同学自愿起来读自己抽到的纸条上的话,抽到写有同样话的同学为同一小组成员。

(3)最后,将全班同学分为若干小组(每组 6 ~ 8 人),让同学们感受由个人到团体的内心变化,并感受团体的形成。

▲注意事项:无。

体验助成长

●主题体验一　走出舒服圈

▲体验介绍:伸出双手握拳,握拳的方式会反映人的思维习惯。右手拇指在上显示接受信息时优先使用左脑,主理性、语言、计算、分析,男性居多;左手拇指在上则是右脑思维,主感性、直觉、想象,女性居多。你的习惯是怎样的呢?

▲目标:让你体验思维定式,了解思维习惯。

▲时间:8 分钟。

▲准备:无。

▲操作过程:

(1)请你伸出双手,掌心相对,十指相扣,握成拳状,保持约 5 秒。

(2)仔细观察是哪个手的拇指在上面,是左手还是右手?

(3)尝试换一下手指的位置,保持 5 秒,感受和之前不同的地方。

(4)说一说改变的感受,为什么有这样的感受呢?怎样能适应新的握拳方式呢?什么因素可以协助改变?

▲注意事项:无。

●主题体验二　用途无限

▲体验介绍:通过相互交流,彼此启发,开阔视野,丰富想象力,培养创新能力,打破固有思维!

▲目标:通过头脑风暴积极思考,大胆倡议,科学选择,克服思维定式,激发创造力。

▲时间:22 分钟。

▲准备:可乐瓶,纸,笔。

▲操作过程:

(1)和同伴一起,领取一个可乐瓶、白纸和笔。

(2)在 5 分钟内讨论可乐瓶可以有多少种用途,将讨论结果记录在纸上。

(3)全班交流,在交流的基础上,可以将可乐瓶的用途归类。

▲注意事项:

(1)在头脑风暴中,要激发学生想象出可乐瓶的各种各样的用途,不要有过多的约束和顾虑，在充分想象的基础上再做合理的选择。

（2）在整理用途时，要注意归类总结，尽可能总结出丰富的用途和类别，而不要只停留在一种类别中的多种答案上。

心理加油站：跳蚤的故事

模块三　心理加油站

扫一扫：跳蚤的故事。

模块四　心理知识拓展

心理知识

一、思维定式

思维定式也称“惯性思维”，是由先前的活动造成的一种对活动的特殊的心理准备状态，或活动的倾向性。在环境不变的条件下，定式使人能够应用已掌握的方法迅速解决问题。而在情境发生变化时，它则会妨碍人们采用新的方法。消极的思维定式是束缚创造性思维的枷锁。

二、思维定式的基本作用

1. 积极作用

思维定式对于问题解决具有极其重要的意义。在问题解决活动中，思维定式的作用是：根据面临的问题联想起已经解决的类似的问题，将新问题的特征与旧问题的特征进行比较，抓住新旧问题的共同特征；将已有的知识和经验与当前问题情境建立联系，利用处理过类似的旧问题的知识和经验处理新问题，或把新问题转化成已解决的熟悉的问题，从而为新问题的解决做好积极的心理准备。

2. 消极作用

思维定式对问题解决既有积极的一面也有消极的一面，它容易使我们产生思想上的惯性，养成一种呆板、机械、千篇一律的解题习惯。当新旧问题形似质异时，思维的定式往往会使解题者步入误区。大量事例表明，思维定式确实对问题解决具有较大的负面影响。当一个问题的条件发生质的变化时，思维定式会使解题者墨守成规，难以涌出新思维、做出新决策，造成知识和经验的负迁移。

三、打破思维定式，培养创造思维方法

1. 排除“功能固定”的作用

思维定式对解决问题的影响突出表现在“功能固定”上。“功能固定”是指当一个人了解到某物体的作用时，很难看出它还有其他的作用，特别是最初看到的它的功能，对问题的解决影响更大。

2. 激发学生的主动思维和创造性

学习的积极态度，主要源于对学习的需要和动机，强烈的求知欲望是学生创造性学习不可缺少的内部力量。在强烈的求知欲驱使下，学生才能开动脑筋，积极主动地去学习、追求新知识，探索解决问题的新途径、新方法。

3. 培养学生的发散思维

在创造思维活动中,发散思维起到了主导作用。发散思维具有灵活性、独特性和流畅性。灵活性能使学生突破习惯思维的限制,使人产生新的构思,提出新的方法。而独特性能够使思维产生新的成分,对问题提出独特的见解。流畅性能够使人的思维在较短的时间内产生较多的联想。

4. 发展学生创造想象力

创造思维需要创造想象力的参与,这对于各种创造活动都极为重要,也是学生的创造性活动所必需的。学生应主动参与社会生活实践活动,观察社会与自然现象,丰富和发展自己的想象力。

5. 引导学生积极参加各种创造活动,并正确评价有创造力的学生

老师要用现代教育和创造思维的理论武装自己,改变自己传统的教育观念。学生是受教育者,是教育的对象,他们的创造思维在很大程度上需要老师开展各种活动才能得以激发。只要作为教育活动组织者的老师通过各种途径、采取有效的方法,有目的地培养学生的创造思维活动,就能够更好地培养出具有创造性思维的学生,为国家培养创新型人才做出更多的贡献。

心灵绘画

在圆中随意作画

▲指导语:先画一个大圆,在圆中随意作画。

▲温馨提示:

1. 这不是美术作业,也不是绘画比赛,而是在圆中随意画画,此时头脑中呈现什么就画什么。
2. 这幅画只要自己满意就行,不要管别人喜欢与否。
3. 画完后给作品命名。
4. 用三个关键词来描绘自己的感受。

心理效应

定式效应

定式效应是指人们局限于既有的信息或认识的现象。人们在一定的环境中工作和生活,久而久之就会形成一种固定的思维模式,使人们习惯于从固定的角度来观察、思考事物,以固定的方式来接受事物。社会心理学家包达列夫曾做过这样一个实验:他向两组大学生出示了同一个人的照片。在出示照片之前,他向第一组大学生说,将出示的照片上的人是个十恶不赦的罪犯,向另一组大学生说他是位大科学家。然后让两组大学生尝试用文字描绘照片上的人的相貌。

第一组大学生的评价是:深陷的双眼证明内心的仇恨,突出的下巴证明沿犯罪的道路走到底的决心等;第二组大学生的评价是:深陷的双眼表明思想的深度,突出的下巴表明在知识道路上克服困难的意志力等。这个实验有力地说明了定式的作用。

定式效应常常会导致偏见和成见，阻碍我们正确地认知他人。所以我们对他人要“士别三日，当刮目相看”！不要一味地用老眼光来看人处事。

心理美文

打开心里的锁

一位魔术大师有一手绝活：无论多么复杂的锁他都能在极短的时间内打开，从未失手。他曾为自己定下一个富有挑战性的目标：要在60分钟之内，从任何锁中挣脱出来。

有一个小镇的居民，决定向魔术大师挑战，有意给他难堪。他们特别打制了一个坚固的铁牢，配上一把看上去非常复杂的锁，请魔术大师看看能否从这里出去。

魔术大师接受了挑战。他穿上特制的衣服，走进铁牢中，牢门“哐啷”一声关了起来。魔术大师从衣服中取出自己特制的工具，开始工作。30分钟过去了，魔术大师用耳朵贴着锁，专注地工作着；45分钟过去了、一小时过去了，魔术大师头上开始冒汗。两小时过去了，魔术大师始终听不到期待中的锁簧开的声音。他筋疲力尽地将身体靠在门上坐下来，结果牢门却顺势而开。原来，牢门根本没有上锁，那把看似很复杂的锁只是个样子。

第八单元　生命如此之重

任务二十四　我的五件礼物

——珍惜拥有，提升价值

模块一　心声坦露

1．从小得了脊髓灰质炎（小儿麻痹），身体上的残缺让我感觉低人一等，内心非常敏感。但是我很聪明，画画非常好，班级的板报都由我来设计，我也跟别人一样有价值，对吗？

2．楠是我最好的朋友，因为一件事情，我们俩吵了架，从那天起到现在我们一句话也没再说过。现在想想真后悔啊！后悔不该随便丢掉朋友。

多看自己有什么，不看自己没什么！

3．我是班级的体育委员，只擅长体育再没有其他特长了。但是我发现我们班有好多同学具备各种技能，而且歌唱得好、人缘好，感觉啥都比我强似的，很嫉妒。

4．我是班级的一员，很爱这个集体，可是我总像是一个旁观者，什么贡献都没为集体做过，我也希望自己成为对集体有用的人。

模块二　行动起来

暖身启心智

你做我学

▲暖身介绍：这是一个模仿游戏，和大家一起模仿，无论什么动作都可以达到放松、缓解紧张气氛的效果，有时一些极富创造性的动作会引起大家愉快的笑声。

▲目标：通过体验活动让自己放松、缓解焦虑、活跃气氛，协助成员对自己的身体有更加明确的感知，对自己的存在有更真实的体验。

▲时间：5 分钟。

▲准备：无。

▲操作过程：

（1）全体同学围成圆圈，面对圆心，要求每位同学都要有足够的活动空间。

（2）一个同学先带头做一个动作，其他同学不评价、不思考，模仿做三遍。

（3）然后每位同学做一个自己想出来的动作，大家一起模仿。

▲注意事项：不要做高难度、有危险的动作。

体验助成长

●主题体验一　生命蜘蛛网

▲体验介绍：你是否想过，当你遇到困难和挫折的时候，在你身后有着这样一群人，他们永远站在你身后，默默地帮助你、支持你，让你有足够的安全感。有了他们，你不再是孤单的一个人，今天就让我们来发掘一下站在我们身后的这群人。

▲目标：在活动中建立起自己的支持系统，了解遇到困难时，我们可以向身边哪些人求助。

▲时间：10 分钟。

▲准备：每人一张纸和一支笔。

▲操作过程：

（1）引导语："现在我们要进行的活动叫作生命蜘蛛网，等一下老师会发给同学每人一张纸，请同学们首先在这张纸上画一个圆圈，这个圆圈是中心圆，它代表的是你自己，在圆圈里面写上你自己的名字；接着在这个圆圈的周围继续画圆圈，在圆圈里面写上你想写的人的名字，离中心圆越近，代表这个人对你越重要。这样一直画圆圈，直到你想不到还有什么人可以添进去为止，这样你生命的蜘蛛网就画好了。现在活动开始，给大家 5 分钟的时间。"

（2）开始绘制自己的生命蜘蛛网。

（3）与同伴分享自己的生命蜘蛛网。

▲注意事项：

（1）在活动中，能够体会到自己不是一个孤独的人，在我们的身后有很多人默默地支持和帮助我们，感觉很温暖。

（2）活动给人的整体感觉应该是和谐温暖的。

●主题体验二　我的五件礼物

▲体验介绍：请你设想为别人准备五件礼物，从而发现自身可以利用的资源，增强自我

价值感。

▲目标:在活动中体验同伴支持的作用及力量感,增强克服困难的勇气与信心。

▲时间:20 分钟。

▲准备:每人一张纸和一支笔。

▲操作过程:

(1)每个人都会经历困难的时期,你的朋友同样非常需要你的帮助,请各位想一想,你周围的朋友需要什么?如果让你选择五件礼物送给你周围的朋友,你有什么可以送给他们的呢?记住,这五件礼物必须是你现在拥有的,或者是马上可以得到的。这五件礼物可以是精神的,也可以是物质的,可以是抽象的,也可以是具体的,如一个行动、一句寄语、一件物品等。

(2)现在请大家思考一下,把你想要送给朋友的礼物写在纸上。

(3)和同伴一起进行,大家都写完之后可以互相交流分享。如果你要赠送礼物的同伴就和你在一起,那么请他分享一下他的感受吧。

▲注意事项:礼物必须是你现在可以拿出来的,而不能是在遥远的将来才能取得的或者是虚拟的。

模块三　心理加油站

扫一扫:追影子的孩子。

心理加油站:追影子的孩子

模块四　心理知识拓展

心理知识

一、自我价值的含义

自我价值是指在个人生活和社会活动中,自我对社会做出贡献,而后社会和他人对自我的存在的一种肯定关系,它包括人的尊严和保证人的尊严的物质精神条件。自我价值的实现必然要以对社会的贡献为基础,以答谢社会为目的。

二、自我价值的社会作用

马克思主义认为,人的价值就是指人对自己、他人乃至社会需要的满足。人的价值包含两个方面,其一是社会价值,其二是人的自我价值。具体地说,就是人通过自身的实践活动,充分发挥其体力和智力的潜能,不断创造出物质财富和精神财富,在满足自身需要的同时,满足他人和社会的需要。简而言之,人的价值的实质在于其对社会的贡献。德国著名诗人歌德曾说过:“你若要喜爱自己的价值,你就得给世界创造价值。”爱因斯坦也曾经这样说过:“人只有献身于社会,才能找出那短暂而有风险的生命意义。”可见,奉献主要体现于个人对他人和社会需要的满足,即体现于人的社会价值。

三、自我价值的建立及体现

一个人的自我价值是在成长过程中建立起来的。

1. 刚出生时自我价值的建立

在为人之初,一个人的自我价值是通过父母的接纳、肯定、承认、赞美、表扬、鼓励等方式逐渐建立起来的,其核心是自尊。

2. 孩童阶段自我价值的建立

在孩童阶段，身边的成人如何引导他去理解每一件事和做出反应，决定这个人能否培养出足够的自我价值。自我价值并不能用尺寸或斤两等衡量单位确切地测量，但是可以由一个人的生活多么成功、快乐而测知。

3. 在生活中自我价值的建立

生活中的每一个角色都会呈现符合该角色的信念、价值和行为，因此在不同角色中会有不同的思想和行为模式出现，但是，总离不开这个人的自我价值范围。自我价值决定一个人一生的成就。它也是今天社会中种种个人问题的根源。

4. 自我价值深藏在潜意识中

自我价值在潜意识的深层之中，用文字不容易描述和理解，用比喻和例证较为容易表述。当一个人意识到自我价值不足时，他便已经开始了提升之路，因为潜意识已因此而存有对比、反省的能力。一个人的自我价值是在成长过程中建立起来的。

5. 自我价值体现在自信、自爱、自尊中

自信就是相信自己。一个人对自己没有信心，就不能对别人有信心，别人对他也就不会有信心。自爱就是爱护自己。一个人不爱自己，就不能爱别人，别人也不会爱他。自尊就是尊重自己。一个人不尊重自己，就不能尊重别人，别人也就不会尊重他。

四、自我价值的重要性

自我价值的重要性体现在以下三个方面。

1. 自我价值低的时候人会非常痛苦，并且想要提升自我价值

当自我价值低的时候，我们不敢去从事很多工作，不敢去竞争，也就放弃了很多机会去锻炼，能力得不到提升，很多需要无法满足，最终导致自我价值更低，形成恶性循环。

2. 从事任何一项工作，都需要一定的自我价值与自我效能

如果自我价值与自我效能不足，我们不敢去从事很多工作，很多需要无法满足，便无法去挖掘自己全部的潜能。

3. 自我价值会直接影响我们对对象的认知、情绪和行为

在竞争情境中，如果我们的自我价值与自我效能高，觉得自己是没问题的，相应地，认知上也会觉得对手没有那么具有威胁性，情绪也不会那么紧张、害怕，行为上也就会从容去应对，这样更容易成功，成功之后自我价值与效能感会进一步提升。

相反，如果觉得自己不够好，在认知上就会觉得对手太强大，自己不一定能成功，这样情绪会非常紧张、害怕，导致表现也不好，甚至想要逃避、放弃，这样更容易失败，也更容易放弃。无论是放弃还是失败，都会让自我价值与效能感进一步降低。

总之，我们的自我价值会直接影响我们对环境、工作、亲朋好友、自己的认知、情绪和行为，而这些正是我们成功与幸福的基础。

心灵绘画

画爬山图

▲指导语：画出一幅爬山图。

▲温馨提示：

1. 这不是美术作业，也不是绘画比赛，而是画出个人心目中爬山的真实想法和感受。

2. 这幅画只要自己满意就行，不要管别人喜欢与否。
3. 给作品命名。
4. 用一段话描述爬山图。

▲自我探索：

1. 山是平缓的还是陡峭的？
2. 有几个山头？
3. 一个人还是几个人？
4. 是否有台阶？
5. 爬山有无使用绳索等工具？
6. 是否有充足的准备？
7. 爬山途中有无凉亭等休息的地方？

心理效应

安泰效应

古希腊神话中有一个大力神叫安泰，他是海神波塞冬与地神盖娅的儿子，他力大无比、百战百胜。但他有一个致命的弱点，那就是他一旦离开大地，离开母亲的滋养，就失去了一切力量。他的对手刺探到了这个秘密，设计让他离开大地，把他高高举起，在空中把他杀了。后来，人们把一旦脱离相应条件就失去某种能力的现象称为“安泰效应”。

安泰效应启示我们，人不能失去力量的源泉，不能失去赖以存在的环境。因此，要学会依靠大家、集体，“我为人人”才有可能“人人为我”。失去了力量和源泉，你纵有“力拔山兮气盖世”的能耐，也终有失败的时候。

心理美文

我们都是半杯水

我们的价值到底建立在什么之上？很多年前，当我还没有开始研习心理学的时候，我听说，幸福是由你的邻居决定的。当你拥有了你的邻居没有的东西的时候，你就会感觉有价值，感觉到幸福。好可悲的思想，我们自己的价值感，居然要被环境所控制。我们把价值建立在环境之上。

有时候，别人夸我们，说了我们很多好话，我们就觉得得意，喜笑颜开；别人说我们不好，说了我们很多缺点，我们就觉得难过，觉得自己哪都不好。我们常常把价值建立在别人的评判之上。如果是公务员，有的人羡慕我们的工作，有的人则说我们安于现状；如果我们吃饭吃两盘肉，有的人说我们浪费，有的人则说我们爱自己；如果我们赚到很多钱，有的人说我们能干，有的人则说我们精神匮乏，挣再多钱也没什么用；如果我们考试考了高分，有的人说我们学习好，有的人则说我们是书呆子。我

们听到不同话的时候，感受就是不一样。

如果我们将自己的价值建立在环境之上，那么当我们失去环境独处的时候，我们的价值感要从何而来？如果我们将价值感建立在他人的评价之上，那当不同的人对我们做出不同的评判时，我们该怎么办？

我们身上拥有的每样东西都是资源，都是独一无二的，就看你如何去看待了。有的人会因为胖而自卑，有的人则会称自己为"唐朝美人"，后者更容易招人喜欢。有的人会自卑自己不善言辞、不善交际，有的人则欣赏自己的文静和羞涩，后者就懂得欣赏自己。有的人会痛恨自己太固执，失去了太多机会，有的人则欣赏自己的坚持。特质本无好坏之分，只是我们用了褒贬的形容词来形容它。倔强其实就是坚持，指责其实是另一种关心，年近三旬是成熟美，少不更事也是一种天真烂漫。如果我们褪去了比较和评判，这些只是我们身上的特质而已，无所谓好坏。

我们都是半杯水，没有人会是一满杯。有空的部分，也有有的部分。看到什么，就有什么。

任务二十五　算算亲情账

——感知父母恩

模块一　心声坦露

模块二　行动起来

暖身启心智

照　镜　子

▲暖身介绍：生活中大家都很喜欢照镜子，在活动中我们也来相互照镜子，看看我们是否默契吧！

▲目标：培养成员对他人的敏感性、模仿能力、揣摩他人内心想法的能力，活跃气氛。

▲时间：约 5 分钟。

▲准备：无。

▲操作过程：

(1)团体成员两人一组，一人自由做动作，另一个人模仿，轮流模仿 2 分钟后互换角色。

(2)结束后互相交流，看看自己对他人的理解是否准确。

(3)仍然两人一组，一人说话，一人照原话重复叙述，全身心投入地观察、理解他人。2 分钟后互换角色。结束后两人交流体会，探讨今后在生活中如何应用。

暖身体验：照镜子

▲示范教学：扫描二维码，观看暖身体验示范视频。

▲注意事项：无。

体验助成长

●主题体验一　当我小时候

▲体验介绍：还记得你小时候的生活和经历吗？让我们在头脑中回想一下，并画出来。

▲目标：重新认识并澄清自己与父母、家庭的关系，认识家庭对自己的重要性和影响。

▲时间：10 分钟。

▲准备：白纸和彩笔。

▲操作过程：

(1)请你以“当我小时候”为题目进行绘画。请你回想小时候读书的地方、家里周围的环境、平时玩的游戏等。

(2)画完后可以向其他人进行介绍。例如，画的是什么？为什么选择画这些？画中有没有爸爸妈妈？他们在哪里？在做什么？你在做什么？

▲注意事项：如对在练习中触发的情绪非常敏感，应及时寻求老师的支持，避免带来伤害。

●主题体验二　我所了解的父母

▲体验介绍：你了解你的父母吗？通过测试让我们来检查一下你对父母的熟悉程度吧！

▲目标：帮助成员重新整理父母的信息，并加深对父母的了解，用感恩的心对待父母，改善与父母的关系。

▲时间：10 分钟。

▲准备：每人准备一支笔。

▲操作过程：

(1)请你认真填写下面的内容，不知道的可以不填，但是不要随便填写。

爸爸的生日______________	妈妈的生日______________
爸爸最喜欢的食物__________	妈妈最喜欢的食物__________
爸爸的腰围______________	妈妈的腰围______________
爸爸鞋子的尺码____________	妈妈鞋子的尺码____________
爸爸的业余爱好____________	妈妈的业余爱好____________
爸爸年轻时的理想__________	妈妈年轻时的理想__________
爸爸最得意的一件事________	妈妈最得意的一件事________
爸爸最后悔的一件事________	妈妈最后悔的一件事________
爸爸对我的期望____________	妈妈对我的期望____________
爸爸做家务的时间__________	妈妈做家务的时间__________
爸爸的优点______________	妈妈的优点______________

(2)对于父母，我了解多少？父母有哪些信息是我了解的？这些信息我是怎么知道的？哪些信息是我所不知道的？

(3)如果我对父母非常了解，我的感受是怎样的？如果我对父母不太了解，我的感受是怎样的？

(4)填完这个表我的感受是怎样的？

▲注意事项：无。

●主题体验三　我的信誉度

▲体验介绍：我已经长大了，可是很多时候父母还是把我当作小孩子，这到底是为什么？

▲目标：对生活中对待父母的方式进行反思，懂得如何与父母进行有效的沟通。

▲时间：10 分钟。

▲准备：无。

▲操作过程：结合自己的实际情况，认真思考，为什么父母有许多事不放心让你单独去做？为什么父母有时不相信你说的话？为什么父母爱对你唠叨？问一下自己：我在父母面前有信誉度吗？最好能把你的想法和思考与父母分享。

可思考以下问题：

(1)你是否有过向父母保证，只看一小时电视，一打开却看了几小时的经历？

(2)你是否有过答应父母出去玩儿一小时，结果一出去就忘记了自己说过的话的经历？

(3)你是否有过为了满足自己目前的需要，不管自己能否做到，父母提什么条件都答应的经历？

(4)你是否有过在答应父母什么事情之前根本就没有考虑过自己是否能做到的经历？

(5)你是否经常在小事上对父母撒谎？

(6)你是否经常对父母痛表决心要做到某事，结果一转身就把自己说的话忘了？

▲注意事项：注意同学的情绪反应。

心理加油站：把悲痛和怨恨留在身后

模块三　心理加油站

扫一扫：把悲痛和怨恨留在身后。

模块四　心理知识拓展

心理知识

一、代沟的含义和形成原因

1. 代沟的含义

代沟是指两代人之间因思维方式、价值观念、道德标准、行为方式等方面的差异而带来的思想观念和行为习惯上的差异。进入青春期的青少年由于依赖性减弱，独立意识增强，从而使父母和子女两代人在对待事物的认识上产生一定的差距。由于观念的不同和意见分歧，两代人在心理上出现一条鸿沟，致使孩子觉得父母对他们不关心，也不了解。有事宁可找同学说，也不愿向父母倾诉，甚至试图以不满、顶撞、逆反、违法等行为摆脱家长与社会的监护。以自己的想法做事，坚持自己的理想和判断是非的标准。年龄不等的人，生活圈子不同，接触的事物、人物各异，因此思考方式和行为也有差别。如果对这种差别不加以改善而让它扩大，两代人之间便会形成一堵无形的墙，误会便容易产生。这就是心理学上所说的代沟。

2. 代沟的形成原因

（1）生理方面的原因。生理上，青少年正处在发育阶段，体力和智力发展迅速，好活动，敢创新，但耐力不足；成年人的身心已发展到最高峰，对人生、社会都有了较全面而成熟的认识，一些态度和观念也已基本定型，缺少变化。两者之间的体力差异、兴趣差异，致使他们在许多事情上都有不同的观点和看法。

（2）心理方面的原因。心理上，处于青春期的青少年，“自我意识”日益增强，有独立思考的要求，他们易冲动，易受他人影响，渴望独立，渴望得到成人和社会的承认；恰恰相反，成年人心理上已经完全成熟，个性也趋向稳定，对子女寄托的希望在不断升值，他们习惯用自己的生活方式和思维方式去要求子女。另外，我国的晚婚晚育政策，使得许多子女的青春期与母亲的更年期重合在一起，处于更年期的母亲们很容易情绪波动、精神紧张，再加上繁杂的工作和家庭事务，使得他们成为两个心理负担颇重的“易燃易爆”体，在一起相处，自然容易碰撞、爆发，形成矛盾冲突。

（3）社会发展方面的原因。从社会发展的角度来分析，两代人所成长的社会环境不同，适应环境变化的能力也不同。父母年轻时所崇尚的东西，或许正是今天年轻人所摒弃的东西，父母的世界观和人生观也会和孩子的看法、想法相去甚远。因此，双方产生矛盾和冲突是不可避免的。另外，两代人适应环境变化的能力不同，社会观念、社会环境、工作性质、生活方式、人际关系等的变化，对上一代人冲击较大，他们还不能很快适应这个时代的发展；而正处在这个时代的青少年，能很快迎合这个时代，能够迅速而准确地接受新鲜事物，进而纳入自己的价值体系中，于是两代人之间便因此出现摩擦。

二、了解自己父母的特点

要想与父母很好地相处，必须了解自己的父母，如果对父母的性格、脾气、爱好一无所知，很容易产生矛盾、冲突。

天下的家庭各不相同，世间的父母也各有各的特点，我们不可能为每一个同学逐一描绘各自父母的形象，但我们可以从父母教育子女的态度角度出发对其进行分类。

1. 严厉型

这种类型的父母关心子女的前途胜过其他一切。为此他们对子女严格要求、事无巨细、干预指点、容不得半点马虎、不苟言笑、态度严厉，但内心充满对孩子的爱。拥有这种类型父母的孩子如果对于父母的严厉不理解，稍受管教就寸步不让地"顶牛"，会使家庭天天处于紧张状态。正确的做法应该是多体谅父母的苦衷，理解他们严格要求的本意，对于过分严厉的地方可善意地提出意见。

2. 溺爱型

对子女一味地溺爱，放弃了作为父母的教育责任，对孩子的要求不做具体分析一味满足，甚至在孩子犯了错误时也千方百计为其辩护。这种类型父母的突出特点是只关心孩子的生活，不重视孩子的思想品德教育，对孩子的学习情况也不够关心，多数情况下是迁就屈从孩子。在这样的父母身边长大的孩子，对父母的要求比较顺从，时间长了容易成为思想单一、性情懦弱、感情脆弱的人，缺乏独立生活、战胜困难的能力。

3. 放任型

对子女放任自流，很少管教，在教育子女问题上没有明确的目标，全凭孩子自由发展。他们放松对子女各方面的教育，学习很少过问，生活较少关心。一旦孩子在成长中真的出了偏差，父母又苦于没有好的方法，只会对孩子进行体罚。生活在放任型父母身边的中职生更应严格要求自己，用加倍的努力和严格的自律来弥补父母教育上的不足。

4. 指导型

对子女严格而不苛求、关心而不溺爱、放手而不放任。他们对子女的思想、品行、学习和生活都予以关心，又注意教育方法，做到因势利导、循循善诱。在与子女的关系上，平等相待，既注意让孩子独立自主地活动，又不放松对他们的指导教育。一般来说，这是一种比较理想的父母类型。父母属于理想类型，并不等于与父母相处中就不会发生矛盾。对于子女来说，父母越是信任自己，越要尊重父母，父母越是关心自己，越要爱戴父母。

对于父母类型的分析，主要是针对父母与子女关系中的主要倾向而言的，事实上各种家庭的父母不会绝对地只显示一种特征，往往是各种类型的特点互相交叉。

父母类型不同对子女肯定会有不同的影响，但并不是说我们生活在某一种类型的父母身边，只能消极地接受某一种影响。严厉型父母的孩子未必都成才，放任型父母的孩子未必平庸，关键还是取决于子女自己。只要自己努力，吸取父母身上的积极因素，都有同样的发展前途。

三、跨越父母与子女之间"代沟"的方法

1. 了解、关心父母

在平常的生活中，中职生要多与父母沟通交流，让父母知道自己的想法。在沟通与交流的过程中，要注意多观察与倾听，使用正确的沟通方式，且在沟通中要尊重父母。与此同时，还要学会换位思考，体会父母对自己深深的爱，尽量用委婉、随和的语气告诉父母自己的想法，从而使问题更好地解决。

2. 理解、尊重父母

中职生在与父母交谈时要特别注意讲话的态度和分寸，要理解父母的一片苦心，要尊重他们对自己提出的各种想法与建议。这是对父母的尊重，也是对人的最基本的尊重。可怜天下父母心，要知道父母都是爱自己的子女的，对子女的管教和唠叨正是对子女爱的表现，

作为子女对此要给予体谅，尽管不喜欢这种方式，但是要明白父母也有烦恼，他们也需要有个对象去倾诉并得到安慰。

3. 创造主动交流的机会

要尝试和父母一同做一件事情，比如一起逛街、野餐、打球、看电视等，而且要积极主动地和父母进行相关的交流。一起吃饭的时候主动和爸爸、妈妈谈谈学校和班级的事情，比如老师讲了一堂新课，同学之间产生了一些矛盾，校园里又发生了一件新鲜事儿等。此外，晚饭过后，如果学习不是很忙，还可以和父母走出家门一起散散步、聊聊天，那是爸爸、妈妈最开心的时刻。平时遇到什么高兴的事或者不开心的事，都要向父母讲讲，听听他们的意见。

4. 学会主动向父母道歉

如果自己做错了事，不要逃避责任，而要主动向父母道歉，这样往往会得到他们的理解。如果总是推脱责任，不承认自己的错误，那只会令父母愤怒和失望。

5. 控制自己的情绪

一旦与父母发生争执，不要肆意发脾气、顶撞父母，或做出伤害父母的事情。想发怒时，可以离开一会儿，或者做做深呼吸。当被父母批评时，不要急着争辩，试着听听他们的想法、担忧和压力。

同时，家长与孩子由于各自处于不同的人生阶段，兴趣爱好存在较大的差异。因此，家长也要与时俱进，去了解研究年轻人的兴趣爱好，接触一些新的事物。这样，两代人之间的共同语言才会多一些，亲情关系也才会更加融洽。

心灵绘画

画安全岛

▲指导语：闭上眼睛，想象一个可以让你感到非常放松的画面，然后把这个画面画出来。

▲温馨提示：

1. 当你感到紧张、焦虑时，想象这个画面就能让你放松下来。
2. 你对安全的核心诉求是什么？

心理效应

习得性无助效应

习得性无助效应最早由奥弗米尔和西里格曼发现，后来在动物和人类研究中被广泛探讨。简单地说，很多实验表明，经过训练，狗可以越过屏障或通过其他的行为来逃避实验者加于它的电击。但是，如果狗以前受到不可预期（不知道什么时候到来）且不可控制的电击（如电击的中断与否不依赖于狗的行为），当狗后来有机会逃离电击时，它们也变得无力逃离。而且，狗还表现出其他方面的缺陷，如感到沮丧和压抑、主动性降低等。

狗之所以表现出这种状况，是由于在实验的早期学到了一种无助感。也就是说，它们认识到自己无论做什么都不能控制电击的终止。在每次实验中，电击终止都是在实验者掌控之下的，而狗会认识到自己没有能力改变这种外界的控制，从而学到了一种无助感。

人如果产生了习得性无助，就会产生一种深深的绝望和悲哀。因此，我们在学习和生活中应把自己的眼光放开阔一点，看到事件背后的真正的决定因素，不要使我们自己陷入绝望。

心理美文

感恩父母

流年似海，当曾经的过往被遗忘，当曾经的允诺被风化，当生命饱经沧桑，母亲依然是迷人的梦境，父亲依然是沉默的汪洋。

无论你身在何地，心在何方，有两个人始终占据着你心底最柔软的地方。他们愿意用生命去爱你，这种爱允许你肆意索取与享用，却不图任何回报。他们就是我们至亲至爱的父母啊！

流年似水，亲情的味道，源远流长。星落凡尘，斑白了双鬓；碧水荡漾，蹉跎了青春。从婴儿的呱呱坠地到哺育我们长大成人，父母的关心和爱护是最博大、最无私的。吮着母亲的乳汁离开襁褓，牵着父亲的手迈出了人生的第一步，在满满的幸福中酣然入睡，在无微不至的关怀中茁壮成长。父母为我们不知付出了多少心血与汗水，辛劳了多少个日日夜夜，才使我们在这个五彩缤纷的大千世界里，体会着人生的冷暖，享受着生活的快乐。父母的爱如冰清、如玉洁，深沉如海，恩重如山。这种比天高、比地厚的恩情，我们又能体会到多少呢？当我们不再牵着父母的双手时，是否知道他们的双手已长满老茧；当我们不再依偎在父母怀里时，是否知道他们的面庞已满是皱纹，这些都是岁月留下的痕迹啊！有了这些，才有了我们这似火的青春啊！滴水穿石，穿不透母亲的雨衣；愚公移山，移不走父爱的高峰；繁花落幕，爱的痕迹依稀可见。当我们用很轻松的口吻顶撞他们的规劝时，当我们很浪漫地与朋友闲逛时，当我们用很不屑的态度逃课上网时，当我们用很“潇洒”的姿态对待生活时，当我们大把大把地花钱却一点也不在乎时，当我们上课却神游太虚幻境时，当我们互相攀比与父母赌气时，当我们心情不好向父母发泄时，我们的父母，总是默默地忍受，总是以很富裕的方式给我们掏钱，总是以很轻松的口气对我们说他们上班不累，总是以很奢侈的方式让我们吃顿大餐，总是以很习惯的口气说他们穿惯了那些旧衣裳，总是用大部分的收入为我们充卡，满不在乎地说，“孩子，别饿着，吃好了才有精力学习。”总是很倾心地说：“有你这样的孩子，我们知足。”可这些彻骨的爱，我们可曾明白，可曾理解？这时，我想到了感恩，鲜花感恩雨露，因为雨露滋润它成长；苍鹰感恩长空，因为长空让它飞翔；高山感恩大地，因为大地让它高耸。因为感恩才会有这个多彩的世界，因为感恩才会有真挚的亲情，因为感恩我们才会懂得生命的真谛。

任务二十六　画生命曲线图

——锤炼意志，把握命运

模块一　心声坦露

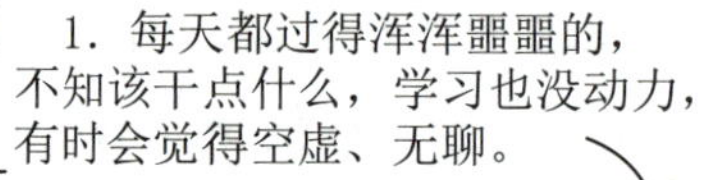

模块二　行动起来

暖身启心智

黄金进化论

▲暖身介绍：这是一个跟进化有关的活动，可让我们在挫折中培养良好的意志品质，完成进化，走向更高的人生阶段！

▲目标：体验在挫折中不断重生的感觉，培养良好的意志品质。

▲时间：5 分钟。

▲准备:无。

▲操作过程:

(1)游戏开始时,所有人都是小昆虫,要保持蹲下来的状态。

(2)每个小昆虫都要自己找到另外一个小昆虫,然后相互之间进行剪刀石头布,赢了的小昆虫要进化成猴子,就可以半蹲。输了的要去找另外一个小昆虫进行剪刀石头布,直到能进化成猴子。

(3)然后猴子再去找另外一只猴子进行剪刀石头布,赢了的可以进化成人类,再找人类剪刀石头布,输了就要退化成猴子。也就是说,你只能找相同的"物种"进行剪刀石头布,赢了可以晋级,输了就要退化。

▲注意事项:无。

体验助成长

●主题体验一　生命曲线图

▲体验介绍:你的人生是什么样子的呢?你对过往的人生满意吗?你对未来有什么样的期盼?让我们一起用人生曲线图探索自己人生的意义吧!

▲目标:对自己的人生做出评估,理解千差万别的人生经历,增强对他人的理解。

▲时间:10分钟。

▲准备:每人一张纸和一支笔。

▲操作过程:

(1)请你在纸上画一个二维坐标,横坐标表示年龄,纵坐标表示对生活的满意程度。

(2)找出自己生活中一些重要的转折点,边看边反省,并用虚线表示未来人生曲线。

(3)然后坦诚地和同伴交流,体会、感受每个人的不同经历。

▲注意事项:注意部分同学的情绪反应。

●主题体验二　命运之牌

▲体验介绍:由于受到出生环境等各种因素的限制,每个人的命运是不同的。假定每个人都能够获得第二次生命,每个人的命运可以重新选择。你会怎样选择自己的人生呢?

▲目标:让学生懂得珍惜现在所拥有的资源,感知幸福,懂得命运掌握在自己手中。

▲时间:20分钟。

▲准备:写有不同内容的小纸牌若干(纸牌内容附后),轻音乐。

▲附:纸牌的内容

1)自己不幸患了癌症,家里没有钱治疗。

2)因家中意外发生火灾,脸部被大火烧伤,留下了一个很难看的伤疤。

3)父母离异,经济困难,读书条件很差。

4)出生在贫困山区,父母无力供养自己读书。

5)自己的父母不幸患有重病,治疗花费了很多钱,家庭经济紧张。

6)父母下岗,家庭经济困难,不能支付目前的学习费用。

7)与周围的同学人际关系很紧张,很不受大家的欢迎。

8)自己患有小儿麻痹症,生活很不方便。

9）自己小时候因患中耳炎未及时治疗而失聪。

10）自己一家三口挤在一个10多平方米的老房子里，食宿条件比较艰苦。

11）自己的一只眼睛因意外事故而失明。

12）自己的一条腿因在一次车祸中受伤严重被截肢。

13）自己在一个条件很差的普通高中读书。

14）自己相貌普通，在班级里不引人注意，学习等各方面都一般。

15）自己学习成绩优秀，但人缘很差，不受老师和同学欢迎。

16）自己的妈妈对自己太唠叨，对自己管得太多，让自己不舒服。

17）以前家里很富有，现在却因意外事故而陷入经济拮据状态。

18）自己出生在一个普通的工人家庭。

19）自己目前的学习成绩很差，经常被一些同学看不起。

20）自己患有口吃，常被同学模仿而被大家嘲笑。

21）因自己太胖，大家经常以此开玩笑，并且给自己起不太好听的绰号。

22）自己身高低于同龄人平均身高20厘米。

23）自己学习成绩在班级最后，努力用功后效果仍然不明显。

24）自己除了学习外，基本没有其他业余爱好。

25）自己是个塌鼻子，影响了容貌。

26）自己患有先天性心脏病，很容易疲劳。

27）自己在高一结束时取得全市物理竞赛一等奖。

28）自己被评为“十佳校园明星”。

29）自己出生于一个贫困山区的农民家庭。

30）自己的家人去东南亚旅游时因海啸而不幸遇难。

31）自己走路时因不小心而被车撞，头部严重受伤。

32）自己的父母对自己要求很严，很专制，很不自由。

33）家庭经济条件好，但父母对自己缺乏关爱，不喜欢自己。

34）自己经常受到别人的欺负，心里很忧郁。

▲操作过程：

（1）从准备好的多张纸牌中随机抽取一张，不得更换。每张牌就是命运的一种重新安排，它所包含的资料就是你新的生活资料，从现在起，你就是牌上的这个人。设想一下你处在这种情况下的命运，现在看看自己目前的处境、位置与假设的第二次人生处境相比，有什么不同？

（2）与同伴交流全新的“自己”，并询问是否满意牌上的“自己”。生命只有一次，你该怎样面对已经拥有的生活？

▲注意事项：

（1）若有同学对自己抽取的纸牌不满意，要求更换，可准备更差的纸牌，让纸牌显示比原牌更糟糕的生活，询问是否愿意更换。在游戏过程中，有的同学可能不太严肃认真，要及时给予提醒。

（2）对于纸牌的内容，这里只给出了一些参考。在使用时可根据大家的实际情况自己设计一些内容。之所以设计的内容大都是不尽如人意的，主要是想让学生意识到，虽然我们每个人都无法选择自己的出身、家庭,或许对目前的环境不一定很满意,但无论如何,我们都应该珍惜自己的境遇。

(3)由于这个游戏的内容中有可能真的涉及学生的伤心处,如家庭离异的学生、身体外貌略有欠缺的学生,所以在游戏之前应该先跟一些学生座谈沟通,取得学生的同意。在游戏开始之前,主持人要为游戏可能会给学生带来的负面效应表示歉意。

心理加油站:蝴蝶的故事

模块三　心理加油站

扫一扫:蝴蝶的故事。

模块四　心理知识拓展

心理知识

一、意志

意志是指人自觉地确定目的,并根据目的调节、支配自身的行动,克服困难和挫折,去实现预定目标的心理过程。意志是人的意识能动性的集中体现,是人类特有的心理现象。意志不是隐藏在个体内不可捉摸的神秘东西,而总是表现在人的行动当中,并通过行动来实现目标。

二、意志行动的基本阶段

意志行动既然有目的、有意识,那么意志行动就包括行动目标的确立和行动计划的制订,在目标、计划确立之后采取行动保证目标达成这两个基本阶段。

1. 确立目标和计划阶段

确立目标和计划阶段是在大脑中对未来的行动进行酝酿和抉择,明确行动的方向和步骤。

2. 执行计划阶段

执行计划是意志行动的关键环节,是意志行动的实施阶段。在这个阶段中既要坚定地执行既定的计划,又要克制那些妨碍达到既定目标的动机和行动(比如,先前受压抑的动机被诱发出来,产生新的动机;遇到困难和挫折,目标和决心发生动摇,产生退缩、否定的行为)。在这一阶段还要不断审视自己的计划,以便修正计划,保证目标的实现。

三、意志品质

1. 意志的自觉性

意志的自觉性是指对行动的目标有深刻的认识,能自觉地支配自己的行动,使之服从于行动目标的品质。具备自觉性品质的人,对行动目标有深刻的认识,不会随波逐流,也不会屈从于外界的压力,能够听取有益的意见,也能够独立地做出决定和执行决定。

2. 意志的果断性

意志的果断性是指能够明辨是非、迅速而合理地做出决定,并实现所做决定的品质。具备果断性品质的人,善于观察事物和总结规律,善于对问题进行深入的思考、全面的分析和判断,这类人遇到机会能当机立断,迅速决策,往往能够抓住机会,而不是依靠运气、巧合。

3. 意志的坚韧性

意志的坚韧性是指在行动中保持充沛的精力、毅力，坚持不懈地克服困难，永不退缩的品质，这种品质又叫顽强性。具备坚韧性品质的人，善于抵抗各种不符合行动目标的主观因素干扰，同时还善于维持符合目标的行为。特别是实现远大的目标，就需要付出更多的努力，花费更长的时间，当解决问题的条件还不太成熟时，更需要等待和坚持，如果放弃了努力就等于前功尽弃。可见，没有坚持不懈的意志品质是很难达到远大目标的。

4. 意志的自制性

意志的自制性是指能有意识地约束和支配自己的思想，并善于管理和控制自己情绪和行动的品质，又叫自制力。它体现了意志力的抑制功能，是坚强意志力的重要标志。具备自制性品质的人，能够明确行动目标，抑制无关的欲望、言行，在实现目标的过程中坚韧不拔，即使遭受巨大精神压力和剧烈痛苦，也会坚持到最后。一般来说，一个人的精力是有限的，要想达到一定的目标，就必须放弃一些妨碍这一目标的其他目标，或影响这一目标的其他活动，正所谓"有所得就必有所失"。否则所有的目标都会受到影响，既定的目标也难于达成。学会自制不仅能保证人不偏离目标，还能规避无效行为，促成目标尽快实现。

四、坚强的意志品质对中职生的积极意义

1. 有助于促进健康个性的形成和发展

个性涉及认识、情感、个性品质等方面，健康个性是以意志为基础的，通过意志来调节、促进得以形成和成展。坚强的意志会使中职生的认识活动具有全面性和明确的方向性，客观地认识事物，正确对待在行动过程中遇到的困难和挫折，确立适合自己的学习目标、职业目标等，并为实现这些目标，克服艰难险阻，以自己的意志行动战胜各种挫折和困难。

2. 有助于提高学习的自主性和持久性

"业精于勤而荒于嬉，行成于思而毁于随。"这说明，学习要有远大目标，并要有坚持不懈的意志。学习的确是一项艰苦的劳动，仅靠智力和热情是不够的，还必须有坚强的意志。许多学习成绩优异的人不是一时学习成绩最好或提高得最快，而是保持勤奋、努力最持久，学习成绩稳步提高。坚强的意志会提高中职生学习的自主性和持久性，让中职生能主动确立适合本人实际的学习目标和计划，并要求自己按照计划从良好学习行为的准备阶段到执行阶段，从学习方式的训练到学习习惯的养成，都按部就班、循序渐进地实施学习活动，持之以恒地向着学习目标前进。

3. 有助于提升心理健康水平

坚强的意志有助于提升中职生的心理健康水平。坚强的意志通过控制和调节情绪，使中职生摆脱消极情绪的影响，很好地适应来自学习和生活中的压力，并以愉快、知足、振奋的积极情绪面对人生的困难、挫折，保持热情开朗、心胸开阔，使自己的心理机制处于坚强的竞技状态，积极迎接人生的挑战。

五、中职生意志品质的基本特点

1. 自觉性与受暗示性同在

随着中职生的自觉性普遍增强，行为的目的性有了明显的提高，特别是通过心理知识和职业知识的学习，中职生的自我意识不断提升，能自主地根据自身情况确立目标，根据外界变化来调整行动目标和计划，根据目标支配自己的行动。同时中职生的受暗示性也很严重，容易受到其他言行的左右，致使目标不坚定，计划难以实现。部分中职生在支配自己的行动时，容易受到同学、伙伴的影响，如玩手机游戏、对影视明星的追捧等，这些都是同学、伙伴之间互相影响、效仿的结果。

2. 果断性与冲动性同在

随着阅历的丰富，中职生的果断性有了较大的发展，思维有了一定的深刻性和敏锐性，能够明辨是非，把握机会；做事果断，能够对问题做出相对深入的分析，并选择合适的解决方法。但是这种果断性带有草率、冲动的特点，易感情用事。在情绪不稳定的状态下，他们往往不能冷静、慎重地考虑问题的症结所在，单凭一时冲动，不假思索地做出草率的决定，逞一己之能。例如，在某同学带着怒气无法平静地学习的时候，如果恰巧有人说话，这个同学很可能一冲动就对说话的同学大发雷霆。

3. 坚韧性与动摇性、固执己见同在

随着社交活动范围的扩大，中职生掌握了很多解决问题的方法，积累了一定的经验，坚韧性、自信心有了很大的发展，会为实现目标付出努力，力求做事坚持到底。但是由于中职生心理发展过程中固有的矛盾冲突，会出现一些偏颇的情况。一方面，有些同学遇到困难和挫折就垂头丧气、失去信心，总是怀疑自己的决定，不能持之以恒地去做一件事，缺乏毅力和恒心；另一方面，有些同学固执地认为自己做事只能成功，不能失败，尽管师长、同学提出批判性的建议，仍不能接受现实，不能辩证地看待问题。

4. 自制力与随心所欲、软弱怯懦、惰性同在

中职生的自制力比中学时期有了较大的提高，大多数同学能比较理智地思考和行动，调节自己的言行，但仍显薄弱。一方面，有些同学同一时段内既想努力学习、锻炼职业技能，又想丰富业余爱好，总是随心所欲，怎么喜欢怎么来，结果造成沉迷于虚幻的网络游戏、聊天、观看直播之中，不能自制，丧失进取心，甚至发展到了逃课的地步。另一方面，有些胆怯懦弱的同学，在展示自己水平的重大问题上，往往会踌躇不前、患得患失，表现为缺乏勇气和信心。此外，惰性也是中职生常见的意志缺陷。部分同学表现出拖拉、退缩、逃避等行为。例如，放松对自己的要求，学习上消极应付、得过且过、能拖就拖。

心灵绘画

画风景

▲指导语：先用铅笔画，然后涂色，按顺序绘画，画出风景群。

远景群：按顺序画河、画山、画田地。

中景群：按顺序画路、画房、画树木。

近景群：按顺序画人、画花、画动物、画石头。

▲温馨提示：

1. 按上述顺序，依次将10个元素都画进去。
2. 画完后给作品命名。
3. 用一段文字进行简短的描述。

心理效应

淬火效应

淬火是指将金属工件加热到一定温度后，浸入冷却剂（油、水等）中，经过冷却处理，工件的性能会更好、更稳定。心理学把这定义为“淬火效应”，教育上也会有类似的现象，被称为“冷处理”。

“冷处理”是相对于“热处理”而言的。所谓“热处理”，就是以正面教育为主，晓之以理，动之以情，感化学生。但是当学生情绪激动，产生逆反心理或表现出无所谓的态度时，不妨进行冷处理：在充分掌握其情况的基础上，在较长一段时间内不对其采取教育措施。所谓“冷处理”，就是当学生做出不良行为时，不予理睬，使他得不到关注，久而久之这种不良行为就可能消退。

在心理学与教育学中衍生出的含义为，对于长期受表扬、头脑有些发热的学生，不妨设置一点小小的障碍，施以“挫折教育”，几经锻炼，其心理会更趋成熟，心理承受能力会更强；对于麻烦事或者已经激化的矛盾，不妨采用“冷处理”，放一段时间，思考会更周全，办法会更稳妥。

心理美文

坚韧的奋斗是通往成功的扶梯

在美国某个学校的一间教室里，坐着一个8岁的小孩，他胆小而脆弱，脸上经常带着一种惊恐的表情。一旦被老师叫起来背诵课文或者回答问题，他就会惴惴不安，而且双腿抖个不停，嘴唇也颤动不安。自然，他的回答时常含糊、不连贯，最后，他只好颓废地坐到座位上。如果他能有副好看的面孔，也许给人的感觉会好一点。但是，当你向他同情地望过去时，你一眼就能看到他那一副实在无法恭维的龅牙！

通常，像他这种小孩，自然很敏感，他们会主动回避多姿多彩的生活，不喜欢交朋友，宁愿让自己成为一个沉默寡言的人。但是，这个小孩却不是如此，他虽然有许多的缺憾，但是在他身上也有一种坚韧的奋斗精神，一种无论什么人都可具有的奋斗精神。事实上，对他而言，正是他的缺憾增强了他去奋斗的热忱。他并没有因为同伴的嘲笑而使自己奋斗的勇气有丝毫减弱。相反，他用坚强的意志，咬紧牙根使嘴唇不再颤动，挺直腰杆使自己的双腿不再战栗，以此来克服他与生俱来的胆小和众多的缺陷。

这个小孩就是西奥多·罗斯福。他并没有因为自己的缺憾而气馁。相反，他还千方百计把它们转化为自己可以利用的资本，并用它们做扶梯，战胜了自己的缺憾，走到了荣誉的顶峰。

任务二十七　明天会更好

——体验真实的幸福

模块一　心声坦露

1. 我未来会是怎样的呢？我能找到工作吗？能养活自己吗？能报答父母吗？面对自己的内心，有时会很担忧！

2. 因为学习不好，我常常被人看不起，觉得自己也就这样了。我也不敢往后想，爱咋咋地吧。

明天会怎样呢？

3. 别跟我谈什么幸福，快乐和幸福对我来说都是虚幻的，我是没有感觉的，我感觉只有金钱是真实的！

4. 我认命，虽然有句话叫“行行出状元”，可我觉得我再怎么好好学习，不过就是中职生，不会有大出息。

模块二　行动起来

暖身启心智

命题图画接力

▲暖身介绍:这是一种图画接力比赛,根据给定的主题,各组在限定时间内应用各自的想象力,轮流接力完成图画,同组成员可以相互提意见,但是不能代替他人作画。

▲目标:培养成员合作的态度,训练联想创造的能力,活跃课堂气氛。

▲时间:5 分钟。

▲准备:彩笔,图画纸。

▲操作过程:

(1)将成员按 2 ~ 3 人一组分组。

(2)指挥者介绍规则,宣布图画题材,并留 2 分钟让大家准备。

(3)各组开始进行图画接力,每人有 30 秒时间,时间一到就轮到下一个人,轮流画完为止。

各组成员对该组完成的图画进行解释、评分,将各组合作、创意、成员自圆其说的情况作为评价依据,各组派一个成员为评分代表,宣布成绩。

▲注意事项:无。

体验助成长

●主题体验一　生命之树

▲体验介绍:生命如果是一段旅程,一定少不了陪我们一起欣赏风景的人,你的生命中遇到过哪些事?出现过哪些人呢?让我们通过画一棵树,来发现力量的来源。

▲目标:让你去发现自身拥有的资源,学会利用资源,感受美好未来。

▲时间:15 分钟。

▲准备:每人准备一张纸、一支铅笔以及若干彩笔。

▲操作过程:

(1)在纸上画一棵树,要尽量占满整个纸面。

(2)画树冠,树冠要画得大一点。然后在树冠上画许许多多的苹果,每个苹果代表你觉得成功的一件事,能想到多少成功的事就画多少个苹果,可以在苹果上标注一下,让自己明白这个苹果代表哪件事。

(3)画树干,然后要在树干上写上帮你完成了那些成功的事的人,或者你觉得对你帮助最大的人,你想到多少就写多少。

(4)刚才在树干上写下的就是对我们有帮助、支持我们的人,现在请大家认真地看看这些人,在心中默默地感激他们,也不要忘记,以后我们遇到困难的时候,仍然可以向这些人请求帮助。也可以和同伴分享你画画的心得体会。

▲注意事项:无。

●主题体验二　明天会更好

▲体验介绍:你给自己写过信吗?我们今天就体验给自己写信的感受,在信中我们要真

诚地感谢自己、欣赏自己、爱自己,这样我们会觉得更有能量,未来会更加美好。

▲目标:让学生对未来充满美好期盼,为自己加油,给自己鼓励。

▲时间:15 分钟。

▲准备:彩纸,彩笔,信封。

▲操作过程:每人一张信纸、一个信封,在信封上写下自己的地址,信纸上的称呼写自己的名字,内容如下:

我感谢自己的是____________________________________。

我欣赏自己的是____________________________________。

我祝福自己的是____________________________________。

我希望自己的是____________________________________。

写完后上交,由老师辅导全部结束后寄还给每位同学。

▲注意事项:无。

模块三　心理加油站

扫一扫:生命的旋律在起舞。

心理加油站:生命的旋律在起舞

模块四　心理知识拓展

心理知识

一、幸福的含义

幸福是一种持续时间较长的对生活的满足和感到生活有巨大乐趣并自然而然地希望持续久远的愉快心情。

《真实的幸福》是美国著名的心理学家马丁·塞林格曼写作的一本贴近大众的心理学读物。作者认为社会的基本美德是幸福的根源,他和他的团队通过研究全世界横跨 3000 多年历史的不同文化后,提炼出六种基本的社会美德,从这六种美德中,又分化出 24 种可以帮助人们获得幸福的优势。此处的"优势"指的是在不同的情境中能够长期存在的心理特质,而且本身具有价值,能够带来好的结果。

二、获得幸福的 24 个优势

1. 好奇心,对世界的兴趣

好奇心使我们对不符合预想的事物产生尝试的兴趣。好奇的人不会容忍模棱两可的情境,他们会去追求真相。好奇心可以是很特定的(如只对玫瑰花),也可以是很广泛的(对每一件事都睁大眼睛去观察)。好奇心驱使我们主动地追随新奇的事物,而被动地吸收信息,如坐在沙发上边吃薯片边看电视就不属于这个范畴。

2. 喜爱学习

喜欢学习新的东西,不论在课堂上还是在生活中;喜欢上学、阅读、去博物馆,去任何可以学到新东西的地方,这都是喜爱学习的表现。你是某个领域的专家吗?还是有更多的人敬仰你?在没有任何外在诱惑的情况下,你还会对这个领域有继续学习的兴趣吗?例如,邮差对邮政编码都很熟悉,但这只是他们工作上的需要,并不表示他们对此有兴趣。

3. 判断力、判断性思维、思想开放

能够周详地考虑事情的方方面面是人很重要的优势之一。这样的人不会草率地下结论,会根据真凭实据来做决定,并且愿意改变主意。

4. 创造性、实用智慧、街头智慧

当你看到自己梦寐以求的东西时,你会有创新的方法去获得它吗?你不满足于大家都用的方法,这类优势就是创造性。这里指的不仅是传统意义上的创造性,它还包括实用智慧、常识或街头智慧。

5. 社会智慧、个人智慧、情商

社会智慧和个人智慧是对自己及他人的认知,能了解别人的动机和感觉,并且能做出很好的回应。具有社会智慧的人能注意到人与人之间的不同点,尤其是他们的情绪、脾气、动机和意图的不同,然后根据这些不同做出恰当的反应。不要将这种优势与内省或沉思相混淆,这里指的是社会技巧。

6. 洞察力

洞察力可称为最成熟的优势,它已十分接近睿智。其他人会请具有这种优势的人给他们提供指引,用他们的经验来解决自己的问题。他们看问题的方式往往可以使问题迎刃而解,从而使其成为解决问题的专家。

7. 勇敢与勇气

一个勇敢的人是能够将恐惧情绪与自己的行为分开的人,他会抗拒要逃跑的冲动,面对恐惧情境,他不去理会主观和生理的反应所带来的不适。胆大妄为和冲动并不是勇敢,虽然害怕但仍能面对危险才是勇敢。

8. 毅力、勤劳、勤勉

有毅力的人有始有终,勤勉的人能承担困难的工作并完成,而且没有抱怨。勤勉的人是有弹性的、务实的,而且不是完美主义者。野心有积极的和消极的意义,它积极的意义属于这个优势类别。

9. 正直、真诚、诚实

一个诚实的人不但会实话实说,而且会真实地面对生活。他不虚伪,为人真诚。我们所指的正直、真诚不仅是不说谎,还包括真诚地对待自己和他人,不论说话办事都诚诚恳恳、说一不二。如果你对自己真诚,就不可能对别人虚伪。

10. 仁慈与慷慨

具有这类优势的人对别人很仁慈、很慷慨,别人来找他们帮忙时,他们会尽全力提供帮助。他们喜欢帮别人的忙,即使不太熟的朋友也一样。这类人有一个共同点:能够看到别人的价值。凡事先替别人着想,有时甚至将自己的利益放到一边。你曾替别人承担过责任吗?移情和同情是达到这个美德的两个途径。

11. 爱与被爱

你非常珍惜自己与别人的亲密关系,别人是否也一样珍惜?如果是,这就说明你有爱与被爱的优势。但亲密关系并非越多越好,过多就可能变成灾祸。

12. 公民精神、责任、团队精神、忠诚

具有公民精神的人通常是集体中的优秀分子,他们很忠心,有团队精神,他们很努力地做好本职工作,努力使团队成功。

13. 公平与公正

公平与公正是指不让个人感情影响自己的决定，给每个人同等的机会。

14. 领导力

领导力是指有很好的组织才能，并能监督任务的执行。一个有人情味的领导首先应当是一个有效率的领导，能与组织成员保持良好的关系，并能如期实现工作目标。

15. 自我控制

自我控制是指在某些情况下，人们能控制自己的情绪、欲望、需求和冲动。

16. 谨慎、小心

谨慎的人不说、不做将来会后悔的事。谨慎应该是在反复确认正确后再发布行动命令，谨慎的人有远见、三思而后行，他们能够为了将来的成功抵抗眼前的诱惑。

17. 谦虚

谦虚的人不喜欢出风头，宁愿让自己的成绩说话。他们不认为自己很了不起，别人敬重他们的谦虚，但谦虚不是虚伪。

18. 对美和卓越的追求

停下来去闻路边的玫瑰，欣赏各领域中美好和卓越的东西，不论是自然的还是人为的，不论是艺术的还是科学的。对美好的东西充满敬畏和惊喜，看一场精彩的球赛，目睹人类无私的、高尚的行为，都会激荡一个人的灵魂并使其奋发。

19. 感恩

懂得感恩的人从不认为自己本该如此幸运，他们会向别人表达感谢。

20. 希望、乐观、展望未来

希望指的是期待未来会更好，并为了实现目标而做好计划并努力工作。希望、乐观及展望未来是对未来充满积极态度这一优势的三个重要组成部分。祈祷好的事情会发生，相信只要努力就会有好运。一个人此时此刻感到快乐，是因为他对未来有憧憬，这使他的生活有目标。

21. 灵感、目标感、信仰、宗教

拥有这类优势的人对宇宙、人生的意义有坚定的信仰，知道自己的人生是有目标的，他们的信仰会塑造他们的行为，而信仰也是他们获得慰藉的源泉。

22. 宽恕与慈悲

慈悲的人愿意原谅那些曾对不起他们的人，他们永远会给别人第二次机会，他们的处事原则是慈悲而不是仇恨。

23. 幽默

幽默的人喜欢说笑话，给别人带来欢笑，他们自己也喜欢笑。他们总是看到事情光明的一面。

24. 热忱、热情、热衷

热忱指的是充满热情，会全心全意地投入工作。你每天早上睁开眼睛时，是不是迫不及待地想开始一天的工作？你工作的热情是否会带动别人的热情？你是否很容易被激励？

无论什么时候，保持一颗乐观、真诚、坦然的心，懂得奋斗，懂得感恩，懂得爱与被爱，笑看花开花落，坐拥云卷云舒，这样的一个人会是幸福的。

三、获得幸福的方法

积极心理学家泰勒·本·沙哈尔给出了以下五个获得幸福的方法。

1. 想要获得幸福，首先要接受不幸福

沙哈尔认为，想要获得幸福，首先要接受不幸福。要接受自己作为人类个体的一个事实，人类个体不仅经受幸福，也会经受痛苦、哀伤、忧愁等各种不良情绪。沙哈尔指出，世界上只有精神病患者和死人不会经历忧伤、哀愁、嫉妒、失望、焦虑等不良情绪。他风趣地说："如果你确实经历了这种痛苦情绪的话，我非常为你们感到高兴，至少第一，说明你们不是精神病人，第二，不是死人。"

2. 定期的体育锻炼是获得幸福的灵丹妙药

沙哈尔认为，定期的体育运动对于心理健康的作用，和最强效的心理治疗药物的效力是一样的。每周 3 次、每次 30 分钟定期的锻炼——散步、慢跑、游泳、打篮球或者是跳舞，可以排出大脑中的有害化学物质，增强注意力、创造力，改善人际关系，并提升自尊。

3. 不要认为一切理所当然，对生活感恩才会让人感到更幸福

多项研究表明，写下每一天、每一周中那些让你心存感激的事情，不管是大事还是小事，这样会让人感到更幸福，身体也会更加健康。

4. 偶尔假装认为我们自己很幸福

沙哈尔指出，通过研究发现，人类不同的身体行为会产生不一样的能量，从而会对人体产生不同的影响。比如雄赳赳气昂昂的走路姿态和蔫头耷脑的走路姿态对人体的影响是完全不同的。有时只是做出一个动作，就可以让自己振奋起来。

5. 和亲朋好友多多相处，珍惜共同相处的时光

沙哈尔说，一定要珍惜和亲朋好友相处的时光，这与能够挣到多少钱、多么出名、多么成功没有丝毫关系。

沙哈尔认为，幸福可以引导我们更加成功，成功却不一定让我们感到幸福。幸福的秘诀不在于你对幸福了解多少，而在于你能够为幸福去做多少、行动多少。幸福的五个方法很简单，渐渐形成一种习惯，你的生活就会越来越幸福。

心灵绘画

心灵涂鸦

▲指导语：请在 A4 纸上随意画画，头脑中呈现什么画面就画什么。

▲温馨提示：

1. 画完后给作品命名。
2. 这幅画给自己带来哪些启示？
3. 写一段话描述这幅画。

心理效应

饥饿效应

人们在餐馆里用餐，开始吃的时候因为处于饥饿状态，吃什么都感觉好吃；但是吃到后

面会发现后上的菜好像不如先上的菜好吃。饿了吃糠甜如蜜，饱了吃蜜也不甜，这种心理感觉被称为“饥饿效应”。

一个新朋友、一件新衣服或是一门新课程，可能都会给你的生活和学习带来一种新鲜的体验和气息，都会满足人们的一种对于新事物、新变化的渴望。你会觉得体验很好、心情很好，或是让你感觉很有兴趣、很开心。但是时间久了，随着新鲜感的逐渐消失，你会慢慢觉得这些看起来没那么顺眼了，甚至会发现各种缺点和不足。其实，这就是“饥饿效应”在作怪，有变化的可能不是这些人或物，而只是你的心理状态发生了变化。

因此，在与人交往时、在学习新知识时，我们应该尽量避免“饥饿效应”，冷静、全面地看待一个人，积极地学习新的知识，努力地把这份新鲜感延续下去，满怀热情，时刻充满希望。

心理美文

十年后的我

光阴似箭，日月如梭。日子总是过得那么快，如潺潺流淌的小溪般，如铅华凋落的枯叶般。一转眼，十年就这样漫无目的地过去了，没有留下任何的足迹与身影，也没有带走一丝色彩繁华与铅华装饰。

十年后的我已不再像儿时那般顽皮，开始吟诗作对，栽花赏花，学习琴棋书画，走入繁华世事，开始了新的生命的延续。

长大后，撒娇已变为奢侈品。回望昔日，蝴蝶翩翩起舞，樱花飞舞满天，草丛嬉戏打闹。这些早已不是我该做的，我只能远远地观望着。

“人会随着时间的迁移而改变。”这句话确实吐露了我的心声。踏入社会，等待着我的不再是童真，而是多彩而充实的生活，以及富有挑战性的工作。

问世人，世间最珍贵的为何物？

庸俗的人往往回答说：“人世间最珍贵的便是金钱、地位、名利与权力。”

不，我想说：“人世间最珍贵的不是金钱、地位、名利与权力，也不是得不到和已失去，而是把握好现在已有的幸福。”

时间埋葬了我们的青春，埋葬了我们的岁月，往事不堪回首，愿化作一缕清风飘去。

既然长大了，既然不再幼稚，就请勇敢地面对生活吧！面对生活的困苦不轻言失败，面对挫折不轻言放弃，这才是我！

烦恼往往是自找的，再苦也要笑一笑。

参 考 文 献

[1]王成全,等. 天天好心情[M]. 北京:人民邮电出版社,2009.
[2]俞国良. 心理健康[M].5 版. 北京:高等教育出版社,2020.
[3]郭念锋. 心理咨询师[M]. 北京:民族出版社,2005.
[4]张海燕. 团体心理教育训练实用手册[M]. 上海:格致出版社,2016.
[5]吴丽玫. 高职学生心理健康实训教程[M]. 北京:中国人民大学出版社,2014.
[6]吴建玲. 大学生心理健康与心理素质训练[M]. 广州:华南理工大学出版社,2008.
[7]中共辽宁省委高校工委,辽宁省教育厅. 让快乐伴你成长[M]. 沈阳:辽宁大学出版社,2015.
[8]汪向东. 心理学的 100 个故事[M]. 北京:新华出版社,2008.
[9]黄薇. 最神奇的心理学定律[M]. 北京:新世界出版社,2010.
[10]胡春梅,何华敏,王蕾. 心理健康教师教学能力实训[M]. 北京:北京师范大学出版社,2016.
[11]火华. 情绪决定命运[M]. 北京:地震出版社,2003.
[12]张海涛,苏苓. 浅析大学生职业心理素质的塑造[J]. 学校党建与思想教育,2010(08).
[13]王晓春. 给教师一件“新武器”[M]. 北京:中国轻工业出版社,2009.
[14]许克亮. 职校生心智成长训练团体游戏汇编[M]. 北京:机械工业出版社,2017.
[15]李文柱. 心灵成长——新编中职学生心理健康教育[M]. 北京:机械工业出版社,2021.